新版

日本の神様と楽しく生きる

春夏秋冬を味わい、縁起良く暮らす

平藤喜久子

笠間書院

はじめに

私たち日本人は、たくさんの神様たちに囲まれて暮らしています。「八《や》百《お》万《よろず》の神様」という言葉を聞いたことがあると思います。「八」は数が多いことをあらわす数字なので、八百万の神様とは、「とにかくたくさん神様がいる」という意味。昔から日本人が、身の回りのあらゆるものに神様を感じていたことを示しているのです。

今でも受験をするとなれば学問の神様、良縁を願うときには縁結びの神様、というように、人生に起こるさまざまな出来事に、神様の助けを願わずにはいられません。

このように普段は、ただ「～の神様」と呼ばれる神様も、じつは名前を持ち、神話を持っています。名前というのは、神社に祀られている正式な神名、神話とは神様たちの物語です。日本人は、いつの頃からか、世界がどのようにして生まれたか、山や川がどのようにしてできたのか、などといったさまざまな「はじまり」を神話のなかで伝えてきました。

日本の神話は、8世紀に『古事記』、『日本書紀』という文献にまとめられます。ここにはたくさんの神々が登場し、いきいきとした活躍を繰り広げています。ほかには神社の成り立ちを記した資料や、その土地の伝承にも神話が伝わっています。

本書では、とにかくたくさんいる神様たちのなかでも、季節ごとの行事を通して出会える神様を中心に紹介していきます。季節は新しい年を迎えた「早春」からはじめます。読み進めると、なかには「そうめんの神様」や「貧乏の神様」など、いったいどんな神様？　それって神様？　と思うような神様たちもいます。そんな神様でさえも、立派な神名や、その物事を司ることとなった由来（＝神話）を持っているのです。

神様の素性を知ると、今までなんとなく行ってきた風習にもちゃんと神様が関わっていることがわかります。日本の暮らしは、さまざまな神様と仲良くする日々といってもいいでしょう。

この本を通じて読者の方々が神様を身近に感じ、神様と縁起良く暮らしていただけると嬉しいです。

平藤喜久子

もくじ

冬

神様のはなし

早春

神様は、清新でおめでたいものが大好き。年が明けて立春の頃までは、神様たちと出会える行事が目白押しです。

おめでたさの象徴、富士山天にもっとも近い山にはかぐや姫の伝承が

美しい姿でそびえる富士山の神様は、コノハナノサクヤヒメです。ですが、誰もが良く知っているかぐや姫が富士山の神様だと思われていたこともありました。

『竹取物語』によれば、月に帰るときにかぐや姫は、帝に不死の薬を差し上げます。しかし、帝は「かぐや姫もいないのに不死になってもしかたがない」と言って、天にもっとも近い山で姫からの手紙と不死の薬を燃やすことにしました。天にもっとも近い山、それが富士山です。この物語が広く知られるようになって、富士山とかぐや姫が結び付いたのです。

神様のはなし

1

古代の神祭り・神社

神社はいつ頃生まれたのでしょうか。はっきりさせることはできませんが日本ではとても古く、4世紀（古墳時代）くらいには、神様に感謝をささげたり祈願したりする「神祭り」を行っていました。どうやら神様を、神祭りを行うときにだけ、やって来るものと思っていたようです。神社のような常設の建物はなく、お祭りごとに場所を調えていたと考えられています。

では神様はどんな所にやって来るのかというと、形のいい山や、大きな岩、つねに青々とした緑をたたえる常緑樹などに宿るとされていました。神の宿るものを「依《よ》り代《しろ》」といいます。依り代となる山は「神体山《しんたいさん》」、岩は「磐座《いわくら》」、木は「神木《しんぼく》」あるいは「神籬《ひもろぎ》」といいます。ときには人に神が宿ることもあります。その場合は「依坐《よりまし》」といいます。

宗像大社《むなかたたいしゃ》沖津宮《おきつみや》のある沖ノ島（福岡県宗像市）は、古くから日本と大陸をつなぐ交通の要所となってきました。そこにはとても貴重な祭祀の遺跡があります。4世紀と推定される遺跡には、大きな岩の上に石を置き、祭祀を行っていた痕跡がみられます。また5世紀くらいの遺跡からは、岩の陰から神への供物が見つかっています。これは岩の上から岩陰に、祭祀の場がうつったことを意味します。さらに時が下ると、少し離れた所から岩を拝むようにして祭りを行うようになった痕跡があります。このように、遺跡が神社誕生以前の状況を知る手がかりを与えてくれています。

こうした神祭りの状況が変化し、常設の建物である神社を設けるようになった背景には、6世紀に日本に伝わった仏教の存在が大きいと考えられています。仏教にはお寺がつきもの。祈りの場としての建物をつくるという発想が、日本の神祭りにも影響を与えてきました。

仏教がきっかけでも、お寺をまねた神社をつくったわけではなく、神社は日本古来の建築様式でつくられました。伊勢《いせ》神宮《じんぐう》（三重県伊勢市）などでみられる「神明造《しんめいづくり》」と呼ばれる建築様式は、弥生時代の代表的な建築である高床式倉庫の流れを受けたものとなっています。日本オリジナルを追究して神社をつくってきたといっていいかもしれません。

ちなみに奈良県桜井市の大神《おおみわ》神社は、神様のいる本殿がありません。神が宿る三輪山《みわやま》を拝殿から直接拝む形になっています。今もこうした古代日本人の神祭りの姿を残している神社もあります。

【初日の出】

太陽の神様

災いをはねのけ、私たちの未来を
明るく照らし出してくれる太陽の神様は女神様。
日本の神々のなかでもっとも貴く、
特別な存在としてあがめられています。

希望と恵みをもたらす光の主

アマテラス

昔から米づくりなどの農業が盛んだった日本では、恵みをもたらす太陽は、なによりも大事なもの。日本人は「お日様」という言葉に、その思いを込めてきました。太陽の神様は、天を照らすという名の通り、アマテラス（天照《あまてらす》大《おお》御《み》神《かみ》）です。

アマテラスはイザナキが、左目を清めたと

きに誕生し、生まれてすぐに高天原《たかまのはら》を治めることになった神様。その子孫が地上に降り、天皇家の祖先となりました。そのためもっとも貴い神として、伊勢神宮（三重県伊勢市）をはじめ多くの神社にお祀りされています。

　もっとも貴い神といっても、完璧ではありません。早とちりもすれば、怖がりな一面もある神様です。

　あるときアマテラスの弟・スサノオが会いたいと高天原へやって来ます。しかしアマテラスはスサノオが高天原を奪いに来たと勘違い。疑われたスサノオは、田んぼを荒らしたり神聖な場所を汚したりと大暴れ。とうとう若い女性が傷を負って亡くなります。怖くなったアマテラスは天《あま》の石屋《いわや》に閉じ籠もりました。すると天も地も真っ暗。暗闇に乗じて悪い神々も騒ぎ出し、災いが起こります。

　困った神々はにぎやかなお祭りでアマテラスの気を引こうと計画します。そこで一肌脱いだのが女神のアメノウズメ。なんと、ほとんど裸で踊り出したのです。これにはみな大笑い。楽しそうな声が石屋のなかにも聞こえてきます。不思議に思ったアマテラスが恐る恐る戸を開くと、暗闇にぱっと光が差し、あっという間に災いも去っていきました。

　アマテラスが太陽の神であり、その太陽が失われると大変な事態になるということがよくわかる神話です。限りない恵みをもたらしてくれる太陽に感謝し、今年もいい年になるようにと願いたいですね。

太陽の神様に会う

❖初日の出

私たち日本人は1月1日の朝に昇る太陽、初日の出に特別なものを感じています。1年の最初に地上を照らす光は、太陽の神様であるアマテラスの神威そのもの。陽光の眩《まぶ》しさとあたたかさに希望を抱き、これからはじまる1年の健康や幸運を願います。天の石屋に閉じ籠もり、再びあらわれたアマテラスの姿に神々が抱いた思いと同じなのです。

初日の出参りの起源は、平安時代にはじまった宮中行事である四方節《しほうせつ》。元日の朝に身を清めた天皇が、アマテラスをはじめとする天地四方の神々に1年の豊作と平和を祈願しました。これが貴族から庶民へと伝わり、いつしか1年のはじまりに昇る太陽を拝むならわしとなったのです。四方節は「四方拝《しほうはい》」と名前を変え、今でも皇室行事として行われています。

「元日」は1月1日のことですが、「元旦」は1月1日の朝のみを意味します。「旦」は地平線から顔を出した太陽をかたどった文字。初日の出を大切にしてきた日本人の歩みが、言葉のなかにも息づいているのです。

❖伊勢参り

なにごとの
おはしますかは知らねども
かたじけなさに涙こぼるる

平安時代の歌人である西行《さいぎょう》が、伊勢神宮にお参りして詠んだとされる歌です。神話やアマテラスにまつわる知識はなくとも、伊勢神宮の地に立てば、えもいわれぬありがたさが込み上げてくる、という感慨は現代に生きる私たちも同じ。日本の最高神であるアマテラスが鎮座する伊勢神宮は、もっとも貴い特別な神社として仰がれ、多くの人が訪れます。

特に参拝者数が増えるのが冬至の前後1か月。この時期はアマテラスがお祀りされているお宮へとつづく宇治橋から日の出を見ることができるのです。橋のたもとに建つ鳥居の間から昇る神々しい朝日にアマテラスを重ねながら、人々は聖域へと足を踏み入れます。

❖神宮大麻《じんぐうたいま》

伊勢神宮のお神札《ふだ》である神宮大麻はアマテラスの力を宿しています。もともとは「御祓大《おはらいたい》麻《ま》」と呼ばれ、伊勢信仰を広め歩いた御師《おんし》という神職によって配られていました。現在は、全国各地の神社でいただくことができます。家のなかにある小さな神社ともいえる神棚にお祀りすると、アマテラスが日々の暮らしに平穏をもたらしてくれるのです。神宮大麻は、年のはじめに新たにします。初詣で訪れた神社でいただきましょう。

【正月】

新年の神様

新しい1年をもたらす神様は、さまざまな名前を持っています。「年神様《としがみさま》」、「正月様」、「歳徳神《としとくじん》」……。あなたの住む地域ではなんと呼んでいますか？

◎正月はじめの客人

年神様

「新年を迎える」。まるでどこかから「年」がやって来るような感じがしますね。そうです。昔から新しい年はやって来るものと考えられてきました。なぜなら年神様が運んで来てくれるからです。

年神様は、お正月にそれぞれの家庭にやって来ます。我が家に訪れた年神様の宿る場所として門松を立て、お供えとして鏡餅を置き、年神様を迎えるのです。神棚には氏神様やアマテラスがお祀りされているので、年神棚をつくり、いちばん大きな鏡餅を置きます。小さな鏡餅を各部屋に置くのは、家のすみずみまで年神様に来てもらうため。その年もみんなが健康で幸せに暮らせるように、家中で年神様を迎えます。このように正月のしつらえの多くは、年神様へのおもてなしです。

こうしてかなり親密に付き合っているつも

りの年神様ですが、じつはどのような神様かはっきりとはわかりません。

アマテラスの弟であるスサノオの子供の大《おお》年神《としがみ》とも考えられるのですが、年神様の物語は神話には伝わっていません。大年神のきょうだい・ウカノミタマが穀物の神様であることや、「トシ」が穀物を意味するのではないかといわれていることから、年神様は穀物の神様である可能性も。穀物の神様だからこそ、お餅をお供えするのかもしれませんね。

ところで、鏡餅のような年神様へのお供えは「年玉」と呼んでいました。それを家族や使用人にわけ与えたものを「お年玉」といいます。お正月にもらえる嬉しいお小遣いは、年神様のお下がりを受け取っていたのです。

新年の神様を迎える

❖年神様

年神棚がない場合は、床の間や飾り棚などを代用します。注《し》連縄《めなわ》を飾り、お神酒《みき》、昆布や塩などとともに、鏡餅をお供えしましょう。1月11日の鏡開きまでお供えする鏡餅とは別に、三が日にお雑煮にしていただくお餅も忘れずに。年神様を「歳徳神」と呼ぶ地域では、年によって神様が司る方角が違うため、年神棚（恵方棚《えほうだな》）もその方角に向けてしつらえます。

❖正月飾り

玄関や門に左右一対で置く門松は、年神様が降りてくるための依り代(目印)。「祀る」「待つ」に通じる松を飾ることで、年神様におもてなしのサインを送ります。神聖な場をあらわす注連縄を使った注連飾りも、我が家が神様を迎えるにふさわしい場であることを示しているのです。

「松の内」は、正月飾りを飾っておく期間を意味します。地方によって違いはあるものの、1月7日までが一般的。年神様の道標となった正月飾りを外し、日常へと気持ちを切り替えます。役目を終えた正月飾りは、1月15日に神社などで行われる「どんど焼き」や地域のゴミ区分に従って処分しましょう。

❖ 若水《わかみず》

年神様へのおもてなしには若水もかかせません。「若水」とは、元日の早朝、その年最初に汲んだ水のこと。1年の邪気を祓う清らかな力にあふれ、お雑煮をつくったり、書初めの墨をすったりするのにも使います。若水を汲みに行く「若水迎え」は正月行事のなかでも重要な儀式とされていました。井戸や清水で水を汲むのが難しい現代の私たちは、元日の朝いちばんに蛇口を捻り、水道水を年神様にお供えします。

❖ 鏡餅

古来、日本人はお米に神様の力が宿ると信じてきました。その米を凝縮した餅は、聖なるパワーフード。年神様にささげ、力を宿していただく鏡餅はさらに特別です。丸い形は、神様の依り代となる鏡をかたどっているとされています。地域による違いはありますが、葉裏の白さが清廉さをあらわす裏白《うらじろ》や、新しい葉が出てから古い葉が落ちるゆずり葉、「代々」に通じる橙《だいだい》を飾り、一家が栄えるよう願いを込めます。

1月11日は鏡開き。年神様とのご縁を刃物で断ち切らぬよう、鏡餅を木槌でたたいて開き、お汁粉などにしていただく日です。忌み言葉である「切る」を使わず「開く」とした先人にならい、家族全員で神様のお下がりを残さず食べて運を開きます。

【初詣】

地域の神様

かつては一族の守り神。現代では鎮座する地域に住む氏子たちの暮らしを見守ります。もっとも身近で、人生の折々で頼りにしたい神様、それが氏神様です。

◎その町みんなの親代わり

氏神様

氏神様は、それぞれの地域に祀られている神様。その地域に住んでいる人は、誰もが氏神様に守っていただく氏子です。毎日の暮らしを見守ってくれる氏神様は、氏子にとってまさに親のような存在といえます。

「氏」の神ですから、かつては一族の守り神を意味しました。それぞれの土地の神様は「鎮守神《ちんじゅがみ》／鎮守様」、生まれた場所の神様は「産土神《うぶすながみ》」といいますが、昔は一族みんなが近くに暮らすことが当たり前、そして生まれた場所で大きくなり、一生を過ごしていました。すると、鎮守神と産土神と氏神様が重なってきます。そこで代表して氏神様が「地域の神様」になっていったのです。

「氏神様」という名前の神様がいるわけではありません。いわば各地域の担当者。日本全国どこに引っ越しても必ずそこには氏神様

がいます。私の住む町内は八幡神《はちまんしん》だけど、隣の町内はアマテラス。また少し離れると天神様（菅原道真）が氏神様、という具合です。

初詣に近所の神社へ行くのはそのため。氏神様に日頃の感謝を伝え、新しい年が良い年になるように願います。初詣では、神棚に納めるお神札もいただきましょう。もっとも身近な神様である氏神様には、初詣や神社のお祭りなど、1年を通じてお参りしたいですね。

家からいちばん近い神社が氏神様とは限りませんが、社務所で聞けば、どの地域を守っている神様なのか教えてくれるはずです。引っ越しをしたときはもちろん、学校や会社など日々訪れる場所があれば、それぞれの氏神様に挨拶するのもいいですね。

氏神様に挨拶する

❖初詣

初詣は一家の長が氏神様を祀ったお社に大晦日《おおみそか》から元日にかけて籠もり、寝ずに神様と新年を迎えた「年籠《としご》もり」という風習が起源。現代でも大晦日の深夜から初詣に出かける習慣が残っているのはそのためです。とはいえ、日本の神様はみなおおらか。元旦の祝い膳をいただいたあとでものんびり待っていてくれます。帰省や旅行で元日にお参りできない場合は、松の内に詣でましょう。

神社の参拝作法は、ひとつひとつの動作に神様を敬う気持ちが込められています。

まず、私たちの住む俗界と神域とを隔てる結界でもある鳥居をくぐる前に、神様の鎮座する本殿に向かって一礼します。境内にいくつも鳥居がある神社では、それぞれくぐる前に一礼を。神門を構えた神社でも同様です。

鳥居から本殿までつづく参道の中央は、「正中《せいちゅう》」と呼ばれる神様の通り道。私たちは端を歩きます。

参道を本殿に向かって進んでいくと、「手水舎《てみずや》」と呼ばれる水をたたえた鉢や水盤があります。かつての日本人は、川や海につかって全身を清める禊《みそぎ》を行ってから神様のいる聖域へと向かいました。手水舎の水で手や口をすすぐことも禊のひとつ。神様にお会いする前に、日常の穢《けが》れを落としておくのです。

まずは右手で備え付けの柄《ひ》杓《しゃく》を取り、水を汲んで左手にかけます。次に柄杓を左手に持ち替え、右手に水をかけ清めます。再び柄杓を右手に持ち、左手に水を受けて口をすすぎます。柄杓に直接口を付けたり、水を飲んではいけません。口をすすいだら、もう1度左手に水をかけ、柄杓を元の位置に戻します。

神様のいる本殿の手前にあり、私たちが祈りをささげる所が拝殿です。拝殿での参拝は、神様の正面にあたる中央に立ってかまいません。

拝殿の前には賽銭箱《さいせんばこ》が置かれています。賽銭の「賽」は神様へのお礼を意味し、かつてはお金ではなくお米を供えていました。上から鈴が吊るされている場合は、賽銭を入れたあとに鳴らします。神霊を招く聖なる道具として用いられてきたその音が、邪気を祓ってくれるのです。

鈴を鳴らし終えたら、いよいよ神様へのご挨拶。お参りの基本は「2拝2拍手1拝」。2回深々と頭を下げたあとに両手を胸の高さに合わせ、2回手を打ち鳴らします。両手を合わせたまま静かに日頃の感謝と祈りをささげたら手を下ろし、もう1度頭を下げます。手を打ち鳴らす柏手《かしわで》は、出会えた喜びを表現する古来の拝礼作法の名残といわれています。

ここまで紹介してきた参拝作法はあくまでも一般的なもので、拝殿がなかったり、独自の参拝作法がある神社もあります。

【七福神巡り】

財と福の神様

金銀財宝を積んだ宝船に乗ってやって来る神様たちは、富と幸せの象徴。海に囲まれた日本だからこそ生まれた神様ご一行です。

◎ワールドワイドな福神グループ

七福神

ニコニコ笑って宝船に乗る7柱の神様たち。「柱」は神様を数えるときの助数詞です。七福神信仰は京都の商人たちがはじめたため、特に財にまつわる福の請負人が集められました。結成は室町時代。古くから聖なる数字とされていた「七」に神様を組み合わせたのです。絵や彫刻として飾ることで、次第に日本中で親しむようになりました。現代でも宝くじの保管袋に七福神が描かれています。

四方を海に囲まれた日本には、古くから「良いものが海の向こうからやって来る」というイメージがありました。にぎやかな風体の7柱が福を積んでどんぶらことやって来る。想像するだけで縁起が良さそうです。

七福神のメンバーは、恵比寿《えびす》（夷）、大黒《だいこく》天《てん》、毘沙門天《びしゃもんてん》、弁才天《べんざいてん》（弁財天）、福禄寿《ふくろくじゅ》、寿老人《じゅろうじん》、布袋《ほてい》。江戸時代には、福禄寿と寿老

人が同じ神様とされ、美女と名高い吉祥天《きっしょうてん》や、お酒が大好きな架空の動物・猩々《しょうじょう》を入れて7柱とすることもありました。吉祥天は、福だけでなく美も授けてくれる女神。美しくなりたい女性のあこがれです。お酒に酔い真っ赤な顔をしている猩々は、流行り病から守ってくれる神様です。

7柱は、出身地もバックボーンとなる宗教も異なります。もともとは人間だった神様までいるのです。それをひとつのグループにして信仰するのは、すでにあるものからすぐれた部分を取り出し、組み合わせるのが得意な日本人ならでは。文化の違う諸外国との触れ合いが進む今だからこそ、七福神のおおらかさが光ります。

宝船に乗り込んだ7柱

恵比寿（夷）【日本出身】

釣り竿を持ち、鯛を小脇に抱えている漁業の神様です。海の向こうからの漂流物を「エビス」と言っていたことから、この名で呼ばれるようになりました。大漁をもたらすため、今では商売繁盛担当として活躍。

大黒天【インド×日本出身】

米俵に乗って、打ち出の小槌を振っている陽気な神様です。インドでは台所の神様をしていました。日本に伝わったときに、因幡《いなば》の白兎《しろうさぎ》を救ったことで有名な神様・大国主《おおくにぬし》が音読みの「だいこく」つながりで一体化。背中の大きな袋は、大国主が背負わされていた兄弟神の荷物ですが、大黒天はたくさんの福を詰めて福袋にしています。

毘沙門天【インド出身】

七福神メンバーのなかでは珍しい、兜《かぶと》をつけた勇ましい出で立ちです。インドから戦いの神や財宝の神としてやって来ました。強面の神様として福を呼ぶだけでなく、病を追い祓う役目も果たします。

弁才天（弁財天）【インド出身】

音楽や知恵に長ける才能と、豊かな水という財産を兼ね備えた女神で、「ざい」の字に才も財も使われるのは、このため。広島県廿日市《はつかいち》市の厳島《いつくしま》神社や湘南の江ノ島、上野の不忍池《しのばずのいけ》など、水と関わる場所にお祀りされています。

福禄寿・寿老人【中国出身】

2柱とも長い頭が特徴の道教の神様で、吉祥天などが七福神入りするときは、1柱に合体することもあります。福禄寿は、

「福・禄（財産）」＋「寿（長寿）」の神様で、見ると寿命が延びるといわれてきた南極星の化身。寿老人はその名の通り長寿の神様で、長命のシンボルである鹿を連れています。

布袋【中国出身】

もともとは人間で、中国の禅僧でした。担いでいる大きな袋は、堪忍袋《かんにんぶくろ》。「堪忍袋の緒が切れる」は、温厚な布袋さんでも怒るくらい、という比喩なのです。太鼓腹に似合う大きな度量で、私たちの願いに耳を傾けてくれます。

七福神を巡る

❖七福神巡り

新年、7柱の神それぞれをお祀りする寺社を巡拝し、開運を願うのが七福神巡りです。参拝後には、神様をかたどった人形やご朱印などの授与品をいただき、七福神を揃《そろ》えて我が家にお迎えします。神様を集めるスタンプラリーのような楽しさも手伝い、七福神巡りは江戸時代後期に大ブームとなりました。江戸市中では上野から田端に点在する寺社をまとめた谷中《やなか》七福神がもっとも古く、次いで隅田川《すみだがわ》七福神や山手七福神が誕生したといわれています。

やがて七福神巡りは全国に広まり、地名を冠した「○○七福神」が各地に生まれました。新年に参拝日が限定されている、お参りする順序が決まっているなど、七福神ごとにルールはさまざま。土地に根ざした七福神巡りが親しまれています。

【七草粥（人日の節句）】

野の神様（草の神様）

野に緑をもたらし育むのは、イザナキとイザナミが生み落とした女神。厳しい冬の終わりを告げる若菜によって、巡り来る春と命の歓びを教えてくれます。

◎芽吹きをもたらす姫神

カヤノヒメ

日本の国を生み出したイザナキとイザナミの夫婦神は、風の神様、木の神様、山の神様を生んだあと、野の神様（草の神様）を生みました。『日本書紀』では「草の祖」とも呼ばれる女神、カヤノヒメです。「カヤ」は萱。ススキや葦などの総称で、古くから人々が利用してきた植物です。カヤノヒメが誕生したことで、この世界にさまざまな草が芽生えました。

草の神様の恵みは多々あれど、厳しい冬の終わりを予感させる芽吹きは、その恩恵をもっとも瑞々しく感じる瞬間です。古くは、お正月に若菜を摘む風習がありました。旧暦のお正月は、現在の2月中旬頃。かすかな春の息吹は、カヤノヒメの息づかいです。

このように変わりゆく季節の節目が「節句」です。平安時代から宮中では、年に何度もあ

る節句ごとに節会《せちえ》として宴会を開いていましたが、江戸幕府によって公式な節句が5つ選ばれました。その五節句のひとつが、1月7日の人日《じんじつ》の節句です。ほかには3月3日〈上《じょう》巳《し》の節句〉、5月5日〈端午《たんご》の節句〉、7月7日〈七夕《たなばた》の節句〉、9月9日〈重陽《ちょうよう》の節句〉があります。

聞き慣れない「人日」という言葉は、「人の日」を意味します。かつて中国で、1月1日から6日に鶏や馬など家畜の1年の成育を占い、7日に人の1年を占ったことに由来しています。それが日本に伝わったところ、若菜摘みの風習と合わさり、人日の節句に七草粥をいただく習慣が生まれたのです。

野の神様の力をいただく

❖七草粥

1月7日の人日の節句は、カヤノヒメの力によって地表に顔を出した春の七草（セリ・ナズナ・ゴギョウ・ハコベラ・ホトケノザ・スズナ・スズシロ）を七草粥にしていただく日です。

かつては6日の昼に野山へ七草を摘みに行き、7日の朝に調理をするのがならわしでした。今はスーパーマーケットへ七草セットを求めに行くのが主流ですね。七草すべてが揃わなければ、足りない分はホウレンソウや小松菜、ミツバなど、手に入る青菜をいただきましょう。

春の七草は、野草・野菜というよりは薬草として私たちをいたわります。セリは食欲増進、ナズナは便秘予防、ゴギョウは鎮咳、ハコベラは消炎、ホトケノザは健胃、スズナは便秘解消、スズシロは風邪予防と、それぞれにすぐれた薬効があり、消化しやすいお粥と合わさることで、元旦からのごちそうつづきで疲れた胃腸と体を元気にしてくれるのです。

1月7日の朝は「七日《なぬか》正月」とも呼ばれます。お正月行事のひとつの締めくくりとして、カヤノヒメの生命力をいただき、1年の健康を願いましょう。

❖七草ばやし

七草粥に使う七草は「七草ばやし」と呼ばれる歌を口ずさみながら、包丁でたたき細かくします。地方によって違いはありますが、代表的な歌詞は「七草ナズナ唐土《とうど》の鳥と日本の鳥の渡らぬ先に」。その後、「ストトントンとたたきなせぇ」や「鉄砲かついでストトントン」などとつづきます。

　農作物を荒らす害鳥がやって来る前にやっつけてしまおう、という意味合いで、主食となる穀物とカヤノヒメの恵みである野菜を守る歌なのです。

❖七草爪

七草粥をつくる際、七草をつけていた水やゆで汁にも、野の神様の精気がふんだんに宿っています。これをあますことなく取り入れようと生まれたのが七草爪の風習です。地方によっては「菜爪《なづめ》」「七日爪《なのかづめ》」などの名前で伝わっています。

　1月7日の朝、七草をつけた水や冷ましたゆで汁に爪をひたしたあと、その年はじめて爪を切ります。こうすることで、1年間、悪い風邪をひかず元気に過ごせるのです。

【小正月】

里の神様

人形や男女の石像、ドキッとするような性器を模した石など、さまざまな姿で道に佇《たたず》む守り神。災いから集落を守り、行き交う旅人を導いてきました。

◎悪疫の侵入を防ぐ村の門番

道祖神

　村の外れや道が行き交う四つ辻など境となるような場所にいて、私たちが住んでいる所に流行り病といった悪いものが入らないように守ってくれている神様がいます。それが道《どう》祖神《そじん》です。道祖神のほかにも、塞《さえ》の神《かみ》、辻の神、岐神《ふなどのかみ》、石神《いしがみ》などたくさんの呼び名がありますが、宿っているものもさまざま。どっしりと立っているワラでつくった大きな人形だったり、丸い石だったり、男女1組の石像だったり。男性器（陽石）と女性器（陰石）の形をした陰陽石であることもあります。

　男女の姿や性器をかたどっているのは、神話で最初の夫婦となってたくさんのものを生み出したイザナキとイザナミ（206ページ）を道祖神だと考えているから。神様夫婦にちなんで、縁結びや子宝の神様としても道祖神は活動しています。私たちが暮らす集落を守るためには、悪いものが入るのを防ぐだけではなく、その地域の人々の暮らしを楽しく、にぎやかにすることも大事だからでしょう。

また、わかれ道にお祀りされているので、旅をする人の目印にもなります。天から降りてきた神様を案内するサルタヒコ（78ページ）という神様を道祖神だとするところもあり、旅人の守り神にもなっています。

同じ集落に暮らす人々だけでなく、その地を訪れた人にも目配りを忘れない、懐深い神様です。

里の神様に繁栄を願う

❖道祖神祭り

年神様を迎えた門松や注連飾りは、道祖神祭りで役目を終えます。

道祖神祭りは火祭り。村境となる辻や畑、広場などに竹やワラを組んで小屋を建て、各家から持ち寄った正月飾りとともに燃やします。炎の勢いが盛んであればあるほど道祖神がパワーアップし、里に災いが降りかかるのを防いでくれるのです。全国各地で行われ、「左義長《さぎちょう》」、「どんど焼き」、「おんべ焼き」、「ほっけんぎょう」など、地域ごとの呼び名で親しまれています。

この火祭りの起源は平安時代。毬《まり》を打つ遊びで使われていた毬《ぎ》杖《じょう》という杖を集め、悪霊を祓うために宮中で燃やした神事が民間に広まり、道祖神信仰と結び付きました。

道祖神祭りの多くは1月15日の小正月《こしょうがつ》前後に行います。「小正月」は1月1日に迎える正月（大正月《おおしょうがつ》）に対する呼称で、年末から忙しく働きつづけた女性たちがようやくひと息つける頃、という意味合いから「女正月」という別名もあります。お正月行事もこれでひと段落。日常へと気持ちを切り替え、1年の健康と平和を願います。

❖聖なる火

道祖神祭りで焚かれる火は、里の神様の聖なる力そのもの。この火で体をあたためれば長生きし、焼いたお餅を食べれば体が丈夫になります。病気除けのおまじないに、残った灰を体にふりかける地方もあります。

農作物が健やかに育つかどうか、火のはぜる音や煙の流れる方向で占う地域も。道祖神がはねのけてくれる病気は、人間に限ったことではないのです。

❖新婚さんと道祖神

道祖神にまつわる小正月行事のなかには、新婚夫婦を地域の一員として認め、子宝を願うものもあります。

山梨県南《みなみ》都《つ》留《る》郡富士河口湖町では、道祖神に扮した町民が新婚夫婦に「ふたりのなれそめは？」などと質問し、はにかみながら答えるふたりを参加者たちで見守ります。また、秋田県にかほ市象潟町《きさかたまち》には、塞の神（道祖神）の使いとなった子供たちが家を訪れ、新郎が「もうやめてくれ」と言うまで新婦を囲んで畳を棒でつつく「嫁つつき」が伝わっています。

ほかの地方で受け継がれている風習も総じてユーモラス。新婚さんを祝うとともに、地域の宝ともなる子供を早く授かれるよう、子宝と性の神様である道祖神に願いを託しているのです。

【小正月】

怠け者を懲らしめる神様

大人でも逃げ出したくなるような恐ろしい姿をした、冬の秋田の来訪神。親への反抗心や怠け心に、喝を入れにやって来ます。

◎躾のための家庭訪問

ナマハゲ

ナマハゲとは、「ナモミハギ」が訛《なま》ったもので、コタツにずっとあたっていると足などにできるナモミ（火だこ）を包丁で剝ぐ、怠け者を懲らしめる神様です。

もっとも有名なのが、秋田県に位置する男《お》鹿《が》半島のナマハゲ。1月15日の小正月に、若者たちがナマハゲとなって家々を訪れる「小正月の訪問者」と呼ばれる風習は、各地に伝わっています。

ナマハゲは、鬼の面にワラの腰蓑《こしみの》、ワラの靴という迫力ある出で立ち。手には木でできた包丁や鍬《くわ》を持ち、音の鳴るようにしかけを施した桶をガラガラと響かせながら、「ウォー、ウォー」と声を上げ、家々を訪れます。包丁はナモミを剝ぐ道具で、桶は剝いだナモミを入れるために持っているともいわれます。

家に入るとまず神棚の前に行き、家の神様を拝み、そこで足を踏み鳴らします。「泣く子はいないか」「親の言うことを聞かない子はいないか」「手伝いをしない子はいないか」などと大声で問いただし、怖がって子供が泣いてしまうことも。姿はとても怖い神様ですが、家に福をもたらして帰っていきます。

正月が明けて半月、まだ寒さ厳しい小正月。ぬくぬくのんびりしていたいのは山々ですが、そろそろ正月ボケなどと言っていられないぞと、神様みずから叱咤《しった》激励に来てくれるのです。

【小正月】

蚕の神様

結ばれなかった悲しい恋人たちが天に昇り、蚕《かいこ》の神様に。大切に祀る家を守ってくれる家神様でもあります。

◎悲恋のカップル

おしら様

東北地方で信仰されている蚕の神様には、悲しい恋の物語があります。

岩手県は遠野《とおの》。その昔、父と娘、そして1頭の馬が一緒に暮らしていました。あるとき、娘が馬と恋に落ちていることがわかります。怒った父は馬を連れ出し、桑の木に吊るして殺してしまいました。悲しんだ娘が、馬の首に取りすがって泣くので、父は馬の首を切り落とします。するとその首は、娘を連れたまま空に飛んでいってしまいました――。

この悲恋のカップルは、「おしら様」と呼ばれる、蚕の神様になりました。蚕が桑の木の葉を食べることや、蚕の姿が馬の顔に似ていることから結び付いたのです。そして馬は農耕でも活躍していたので、広く農業の神様ともなっています。

おしら様は、家の神棚などにお祀りします。

30cmほどの桑の木の棒に男女の顔や馬の顔などを彫り、着物に見立てた布をかぶせたものがご神体です。

小正月にはおしら様を取り出し、新たな布をこれまでの布の上から重ねます。このときに「おしら遊ばせ」といって、子供がおしら様を背負ったり、家々のおしら様を持ち寄って遊んだりしながら、ごちそうを供する地域もあります。

人形遊びにも似たおしら様の行事は、女性や女児たちが担ってきました。お正月から忙しく過ごしていた女性たちのお楽しみだったのでしょう。

【受験】

知恵の神様

アマテラスが天《あま》の石屋《いわや》にこもったとき、斬新なアイデアで解決したオモイカネ。めげずに考えつづければ、必ずひらめきが生まれることを教えてくれる知恵の神様です。

◎どんな困難も知力で解決！

オモイカネ

数人が案を出し合って相談すれば、普通の人であってもいい知恵が出てくることを「三人寄れば文殊《もんじゅ》の知恵」といいます。文殊は、知恵を司る「文殊菩薩《ぼさつ》」のことです。実は日本神話にも、みんなの知恵を寄せ集めたような文殊菩薩に劣らない神がいます。その名もオモイカネ。「思兼神」とも記されます。み

なの思いを兼ねる。まさに「三人寄れば」の知恵を一柱で持つ神様です。

　オモイカネが活躍するのは、アマテラスが天の石屋に閉じこもってしまったときのこと。太陽の神が隠れたために、天も地も真っ暗闇になり、さまざまな災いが起こりだします。困った神々は天《あま》の安《やす》の河原《かわら》に集まり、代表してオモイカネに案を考えてもらうことになります。オモイカネはまず、常世の国の長く鳴く鶏を連れてきて鳴かせます。鶏は夜明けとともに鳴く鳥。太陽神を呼び戻すのにふさわしい動物です。そして、神々に鏡や勾玉《まがたま》を作らせ、占いをさせ、榊《さかき》に飾り付けをし、祝詞《のりと》を奏上してもらいます。さらにアメノウズメがほとんど裸になって歌い、舞いました。すると神々の間に笑いが起こり、不思議に思ったアマテラスが顔を出し、見事、外に引き出すことに成功します。

　こうした重要な場面で見事な知恵を発揮したオモイカネは、みなに信頼されていたのでしょう。アマテラスが自分の子を葦原中国《あしはらのなかつくに》に送ろうとするときの相談相手もオモイカネでした。さらにまだ幼い孫のホノニニギが地上に下るとき、アマテラスは天の石屋の場面で活躍した神々とともにオモイカネを下らせることにしますが、オモイカネにはとくにマツリゴト（政治）をするようにと命じました。

　困ったときにいい案を出してくれる。とても頼りになる知恵の神がオモイカネです。

知恵の神様に目標達成を祈る

❖天安河原《あまのやすかわら》

オモイカネと八百万《やおよろず》の神々が集まった天の安の河原だと伝わる霊跡があります。天岩戸神社（宮崎県西臼杵《にしうすき》郡高千穂町）から徒歩で10分ほどの場所にある「天安河原」です。河原の奥には間口40m・奥行き30mの大洞窟（仰慕ヶ窟《ぎょうぼがいわや》）があり、ここでオモイカネがアマテラスを天の石屋から出す作戦を練ったとされています。大洞窟内に鎮まるお社の祭神は、もちろんオモイカネと八百万の神です。願いが叶うパワースポットとしても大人気。周辺には参拝者の願いが込められた小石が無数に積み上げられ、厳《おごそ》かで神秘的な空気が漂います。

❖オモイカネを祀る神社

1月から3月にかけては受験シーズン真っ盛り。知恵とひらめきを司るご神徳を授かるべく、受験生が数多く訪れるオモイカネを祀る神社をいくつか紹介しましょう。

まずは埼玉県秩父《ちちぶ》地方の総鎮守である秩父神社。こちらはオモイカネとオモイカネの子孫神であるチチブヒコノミコトなどを祀っています。社殿に施され

た極彩色の彫刻も特徴的で、名工・左甚五郎の作と伝わる「子宝・子育ての虎」が有名です。

　アマテラスが籠もった天の石屋の戸を投げ飛ばした（１７９ページ）タヂカラオが鎮座する戸隠神社（長野県長野市）の中社もオモイカネを祀っています。境内に設けられた神楽舞台では、神々が天の石屋を開く様子を再現する舞を含め10種類の「太々《だいだい》神楽」が奉納されます。

　気象予報士を目指す人々がこぞって参拝するのは、東京都杉並区に位置する気象神社。１９４４年（昭和19年）、大日本帝国陸軍の陸軍気象部の創立に合わせて創祀されました。終戦後、近隣の高円寺氷川《ひかわ》神社の境内に遷座し今に至ります。アマテラスを天の石屋から出し、この世に太陽と光を取り戻すことに成功したオモイカネは、気象の神様としても慕われているのです。

❖手斧《ちょうな》始め

　直角に曲がった金属製の物差しである曲尺《かねじゃく》は、木工や建築で用いる細工道具です。「カネ」が共通することから、オモイカネは木工職人や大工職人の守護神としても活躍してきました。

　そのため土木工事や建築工事を始める際に行われる「手斧始め」という儀式には、オモイカネが登場します。手斧始めは工事が安全に滞りなく終わるように願うもので、曲尺で材木の寸法を測ったり、材木にオモイカネをはじめ、建築にまつわる神名を記したりします。

　オモイカネは「思兼神」とも表記します。さまざまな人の考えや思いを兼ねる＝配慮が行き届く神様だからこそ、安全第一の建築現場に必要とされているのでしょうね。

【節分】

鬼

昔話でおなじみの鬼は、人々の「見えないもの」への恐怖心から生まれました。病気や災厄すらも、その姿に畏れおののき、逃げ出していきます。

◎悪と善、表裏一体のダークヒーロー

鬼

赤や青の顔、姿をした鬼。頭には角があり、虎皮のパンツをはいて金棒を持つ恐ろしい存在です。「おに」という言葉は「隠《おん》」に由来し、目に見えないもの、死者や、人に悪さをするものをあらわします。それが次第に、目に見える恐ろしい姿になっていきました。

悪いものが入って来る方角は艮《うしとら》（北東）。それを「鬼門《きもん》」と呼ぶことから、牛のように角を生やし、虎の毛皮を身にまとうようになったといいます。また、異民族のイメージも重ねられ、肌の色も日本人とは異なることを強調するためか赤や青になっていきました。

節分に豆をまくのは、「魔（ま）を滅（め）する」に通じる豆が、鬼の苦手なものだから。ちなみに、中国で悪いものが侵入してくるのを防ぐといわれている桃も、鬼が苦手なもののひとつで、桃から生まれた桃太郎は鬼退治

にぴったりだったのです。

人を苦しめると恐れられてきた鬼ですが、決してただの悪党ではありません。新年に福をもたらすナマハゲが鬼の面をかぶっているように、悪いものを祓い、病気を防いでくれる頼れる存在にもなります。

埼玉県比企郡嵐山町《らんざんまち》には鬼を祀った鬼鎮《きぢん》神社があり、奈良県吉野郡天川村の天河《てんかわ》神社では節分の前日に鬼を迎える「鬼の宿」という行事があります。奈良県奈良市の元興寺《がんごうじ》には鬼の姿をした元興神《がごぜ》がいるとされています。

節分の豆をまくときも、鬼鎮神社では「福は内、鬼は内、悪魔外」、元興寺は「福は内、鬼は内」、天河神社は「鬼は内、福は内」。鬼をあえて呼び込みます。

【初午】

穀物の神様

「お稲荷さん」の愛称で親しまれる稲荷神《いなりのかみ》は
穀物の神様。
お使いであるキツネを従え、
商売繁盛の神様としても私たちを見守ります。

◎京都から全国に広まった神様

稲荷神

あるときとても裕福な男が、丸いお餅を的にして矢を射ようとします。すると突然、餅が白鳥になって飛んで行ってしまいました。その白鳥が降り立った所を見てみると、稲がたわわに実っています。そこでこの地に稲の神様、穀物の神様を祀る「伊奈利社《いなりしゃ》」をつくりました。現在の京都府京都市にある伏見稲《ふしみいな》

荷《り》大社《たいしゃ》の起源です。「イナリ」は「稲《いね》生《な》り」から来ているのでしょう。

この神話からわかるように、稲荷神は穀物の神様。各地に多くの稲荷社や小さな祠《ほこら》があり、「お稲荷さん」の呼び名で親しんでいます。キツネの姿をした神様だと思われがちですが、キツネは稲荷神の「神使《しんし》」と呼ばれるお使い。ですから稲荷神にお願い事があるとき、キツネの好物とされる油揚げをお供えし、神様に伝えてもらうのです。

平安時代、真言宗を開いた空海が京都に東《とう》寺《じ》（教王護国寺《きょうおうごこくじ》）を賜ったとき、近くに祀られている稲荷神を鎮守神としました。そのため空海の教えが全国に広まるとともに、稲荷神の人気も高まっていきます。やがて稲荷神はウカノミタマという神様だと考えられるようになりました。

ウカとは、「ウケ（食べ物・穀物）」のこと。ヤマタノオロチを退治したスサノオという神様が、山の神様であるオオヤマツミの娘と結ばれて生まれました。神話には生まれたということしか記されていませんが、名前の持つ意味合いから穀物の神様とされ、稲荷神と重なっていったのです。

時代は下り、貨幣経済の発展した江戸などの都会にも信仰する人が増えていくと、五穀豊穣が商売繁盛につながり、商いの神様へとご利益が広がっていきます。多くの商店街や会社の屋上などに祠が置いてあるのはそのため。今もなお大人気の神様です。

穀物の神様に豊かさを祈る

❖ 初午《はつうま》

２月最初の午の日は「初午」と呼ばれ、全国各地の稲荷社や祠でお祭りを行います。伏見稲荷大社が鎮まる稲荷山三ヶ峰に稲荷神が降りて来たのが、７１１年（和銅４年）２月の午の日だったからです。

折しも季節は立春を過ぎた頃。私たち日本人は春の農作業をはじめる前に、穀物の神様である稲荷神に豊かな実りをお祈りしてきたのです。多くの人が詣でる初午の様子は平安文学でもたびたび描かれるほど、稲荷神は大人気の神様でした。

現代の初午でも、稲荷社の参道をたくさんの幟《のぼり》で彩り、境内では初午太鼓を打ち鳴らします。農業にまつわるお祭りなので、境内や参道に農具市が立つ神社も。油揚げや稲荷寿司、お団子など、稲荷神の使いであるキツネの好物をお供えし、神様に願いを届けてもらいましょう。

稲荷寿司

初午のお供えものとしても親しまれている稲荷寿司の「いなり」はもちろん、稲荷神からとられています。

神使であるキツネの大好物が油揚げであることは知られていますが、本来はネズミを油で揚げたものだったとか。しかし、殺生をともなうため、次第に豆腐を材料とする油揚げをお供えするようになったといいます。

やがて、この油揚げに稲荷神の恵みであるお米を詰めたものが新たなお供えものとして登場し、「稲荷寿司」や「お稲荷さん」というおなじみの呼び名で愛されるようになりました。

験《しるし》の杉

伏見稲荷大社は、全国に３０００社以上あるといわれる稲荷社の総本社。初午大祭も多くの人でにぎわいます。

伏見稲荷大社の初午詣でいただけるのが、験の杉。同社のご神木であり、盛んに緑が生い茂る様子から「富の木」とも称えられる杉の小枝で、自宅に持ち帰り植え替え、根付けば願いが叶うというお守りです。

【針供養】

裁縫の神様

◎小さいけれど頼れるオトコ スクナヒコナ

裁縫を上達させてくれる神様がいます。とても小さな神様、スクナヒコナです。その小ささは、天に住む親神・カムムスヒの指のすき間からこぼれ落ちてしまったほどでした。そんなアクシデントで地上に降り立つこととなったスクナヒコナは大変なキレ者。人々の生活に役立つ幅広い知識を持っていました。

針仕事の神様は、親神の指間からこぼれ落ちるほどの小さな姿。かつての女性たちは、針に寄り添う神様を感じながら縫い物をしていました。

なかでも医薬の知識が豊富だったことから、婦人病回復の守り神となります。女性を守ってくれる神様なので、女性の仕事であった裁縫の神様にもなっていきました。

スクナヒコナは全国にある淡島《あわしま》神社の総本社である、和歌山県和歌山市の淡嶋《あわしま》神社に祀られています。裁縫に婦人病に、女性の強い味方「淡島さま」の愛称でも知られています。

裁縫の神様に感謝する

❖針供養

2月8日、もしくは12月8日は針供養。これまで頑張ってくれた針へ感謝を伝え、さらなる裁縫の上達を願う日です。この日は針仕事を休み、折れたり曲がったりした針をやわらかな豆腐やコンニャクに刺し、ねぎらいます。それを海や川へ流したり、裁縫の神様をお祀りする淡島（嶋）神社へ納めたりするのです。

針供養が女性たちの年中行事となったのは江戸時代。淡島信仰を全国に伝えるために各地を放浪した「淡島願人《あわしまがんにん》」と呼ばれる遊行者が、針を供養する風習も広めたといわれています。かつての女性たちは針を神様のもとへ返したあと、手元にある針箱や裁縫道具の手入れも行いました。

小さな針にまで感謝を忘れない針供養には、あらゆるものに神様を感じてきた、私たち日本人の心持ちがよくあらわれています。現在も、針仕事を得意とする女性や、和裁や洋裁の専門学校生、服飾関係者が大切にしているならわしです。

【建国記念の日】

日本国の神様

幾度もの危機をくぐり抜け、長旅の末に日本国の礎を築いた神様は「神武天皇」の名でも知られています。不屈の志で日本を守りつづけてきた英雄神です。

◎苦難を乗り越え国を平定したヒーロー

カムヤマトイワレビコ

日本という国をひとつにまとめるという大事業をはじめた神様はカムヤマトイワレビコ。初代天皇である神武天皇のことです。「神武天皇」は、後世に付けられた漢風の名前。父は、太陽の神様・アマテラスの子孫、母は海の神様・ワタツミの娘。海に囲まれた日出づる国の神様になるべくして生まれてきました。

カムヤマトイワレビコは、九州の日向《ひゅうが》（宮崎県のあたり）にいましたが、国を治めるためには東の方がいいと思い立ち、大和《やまと》（奈良県）へ移り住むことにします。日向から宇佐（大分県）、筑紫《つくし》（福岡県）を経て瀬戸内海を通り、浪速《なみはや》の渡《わたり》（大阪府）を過ぎ、熊野（和歌山県）から大和を目指しました。

その道のりは平穏なものではありませんでした。各地で刃向かう者たちに襲われ、熊野では大きな熊に出くわし、その不思議な力でカムヤマトイワレビコと旅をする全員が気を失ってしまうという窮地に追い込まれます。しかし天から見守っていたアマテラスが、剣の神様・タケミカヅチに一行を助けるよう命じ、その力によって命拾いをしました。

心配が高じた天の神様たちはヤタガラスを送り、熊野から大和の橿原宮《かしはらのみや》まで一行を導き、天下平定の旅を助けます。

ヤタガラスは、中国に伝わる太陽のなかにいる３本足の烏《からす》の伝説と重ね合わされた想像上の動物。今では勝利に導くシンボルとして、サッカー日本代表のエンブレムでもおなじみですね。こうして橿原宮に到着し、天皇として即位した日付を明治時代になって太陽暦に換算したところ、２月11日だったため、この日を「建国記念の日」としました。

長く苦しい旅を経て、九州から大和へとやって来たカムヤマトイワレビコ。亡くなったのはなんと１３７歳のときで、長寿の神様としても親しまれています。

日本国の神様に思いを馳せる

❖建国記念の日

2月11日は建国記念の日。「建国をしのび、国を愛する心を養う祝日」（国民の祝日に関する法律より）です。この日はかつて、「紀元節《きげんせつ》」と呼ばれていました。

近代国家の仲間入りを果たした明治時代、日本の国の起こりを祝う日が必要だという声が高まり、制定されたのが紀元節。初代天皇の神武天皇が即位した日を新暦に換算すると、2月11日だったのです。紀元節には、全国の神社で建国祭（紀元節祭）を華々しく行いました。

その後、紀元節は廃されたものの、さまざまな議論を重ね、1966年（昭和41年）、「建国記念の日」として国民の祝日に加わりました。現在も各地の神社が、建国を祝うお祭りを開いています。建国記念の日は、いわば日本の誕生日。私たちの文化遺産である神話と、国づくりを行った神々に思いを馳せてみてはいかがでしょう。

❖神武さま

のちの神武天皇、カムヤマトイワレビコは、現在の宮崎県あたりで生まれ育ちました。その

ため同県内には、神武天皇にまつわる神話と伝承が数多く残っています。カムヤマトイワレビコと3人の兄たちが生まれた四皇子峰《しおうじがみね》、産湯につかった地に祀られる産場石《うべし》、日本国平定の旅に出るまで住んだ皇宮屋《こぐや》……。「神話の里」と呼ばれる宮崎に住む人々にとって、神々はとても身近な存在なのです。

カムヤマトイワレビコを祀る宮崎神宮《みやざきじんぐう》（宮崎県宮崎市）のお祭りを「神武さま」と呼ぶのも、その親しみのあらわれ。毎年10万を超える大観衆が、お神輿《みこし》の渡御《とぎょ》や行列を見守ります。

❖八ツ房杉《やつふさすぎ》

ヤタガラスに導かれ、無事に熊野を抜けたカムヤマトイワレビコが植えたと伝わる杉があります。奈良県宇陀《うだ》市に鎮座する桜実《さくらみ》神社の境内に生える八ツ房杉です。その名の通り、ひとつの株から8本の幹が放射状に伸びる不思議な形をした巨木です。

宇陀を平定する際、カムヤマトイワレビコが兵を休ませるため、この地に陣を張り八ツ房杉を植えたのだとか。日本国の神様の威光を今に伝える凛々しい姿を拝むことができます。

【温泉】

温泉の神様

温泉を私たちに授けてくれたのは、運命的な出会いを果たした2柱の神様。国づくりのために全国を旅し、医学や健康にまつわる知恵も授けてくれました。

◎2人3脚ならぬ、2柱3脚の国づくり

オオクニヌシ・スクナヒコナ

体を芯からあたため、疲れを癒やしてくれる温泉。温泉につかったり、浴びたりすることで体の調子を整える湯治《とうじ》は、日本各地で昔から行われてきました。「温泉が体に良い」ことを人間に教えてくれたのが、オオクニヌシとスクナヒコナという2柱の神様です。

オオクニヌシは、その名の通り「国の主」。私たちが暮らす地上を治める神様です。オオクニヌシが国を豊かにするために相棒としたのは、裁縫の神様（52ページ）で紹介したスクナヒコナでした。

2柱の出会いは海辺。あるときオオクニヌシが出雲《いずも》（島根県）で海を眺めていると、波の向こうにガガイモの実のサヤが浮かんでいます。そこには小さな小さな神様、スクナヒコナの姿がありました。こうして出会った2柱はあちらこちらを旅しながら、国づくりに

励む人々に知恵を授けていきます。

農民には害獣や害虫を防ぐ方法を教え、人間だけではなく家畜のためにも病気を防ぐ手立ても与えました。それでも人間たちは神様と違い、死んでしまいます。まだ若くして死んでしまう人間をかわいそうに思い、体に良い温泉の入り方を教えることにしました。そうして開かれたのが伊豆（静岡県）の温泉です。別府温泉（大分県）からお湯を伊予国《いよのくに》（愛媛県）まで引いてきて、道後温泉のもとをつくったのも、この2柱です。

全国の温泉地に「温泉神社」と名の付く神社がありますが、それはオオクニヌシとスクナヒコナを祀った神社。日本が温泉大国になったのは、2柱の神様のおかげなのです。

温泉の神様に癒やされる

❖道後温泉と玉の石

日本には、３０００か所以上の温泉地があります。なかでももっとも古い歴史を持つのが愛媛県松山市にある道後温泉です。その中心に位置する道後温泉本館は、宮崎駿監督の映画『千と千尋の神隠し』に登場する「油屋」のモデルのひとつともいわれています。

　先に紹介した通り、道後温泉はオオクニヌシとスクナヒコナが開きました。国づくりに励む最中、病に倒れたオオクニヌシのため、スクナヒコナが大分県の別府から「速水《はやみ》の湯」と呼ばれる温泉を引いてきたのです。湯浴《ゆあみ》をしたオオクニヌシはやがて回復。日本ではじめて湯治を行ったのは、温泉の神様であるオオクニヌシでした。

　相棒の復調を踊りながら喜んだスクナヒコナの足跡は、「玉の石」と呼ばれる石に残っています。また、道後温泉本館の女湯には、この2柱の石像があり、入浴客を見守ります。

❖湯垢離《ゆごり》

スクナヒコナは永遠の世界を意味する「常世《とこよ》」からあらわれ、帰っていきました。そのため、かつての人々は温泉を「常世から来たる水」と考え、日常の穢れを祓う禊の場としても活用していました。

　寺社に詣でる前に温泉で身を清めることは「湯垢離」と呼びます。現代では、和歌山県の熊野三山に湧く湯の峰温泉が湯垢離の場として有名。世界遺産にも登録されている古湯が、日々の穢れと旅の疲れを流してくれます。

❖玉造《たまつくり》温泉

オオクニヌシを祀る出雲大社《いずもたいしゃ》（島根県出雲市）のほど近くにある玉造温泉も、オオクニヌシとスクナヒコナによって発見されたという伝承が残っています。

　奈良時代に完成したとされる『出雲国風土記』では「一たび濯《すす》げばすなはち形容端正《かたちきらきら》しく、再び沐《ゆあみ》すればすなはち万の病除《い》ゆ（1度、お湯で体を洗えば美しくなり、もう1度お湯をかぶれば、どんな病気も癒やす）」と謳われるほど泉質にすぐれています。美肌効果も高く、女性に大人気の温泉です。

春

春に出会える神様たちは、
生命の歓びに満ちてエネルギッシュ。
あたたかくなって行動的になるのは、
人間も神様も同じなのです。

日本人が愛でつづけてきた桜は美しい女神の名にも息づいています

私たち日本人は、春になると桜の開花を心待ちにし、連日どこの桜が咲いたかを話題にします。桜ほど日本人が愛している花はありません。

　神話にコノハナノサクヤヒメという女神が登場します。前章で紹介した富士山の神様です。「木の花のように美しい女神」という意味の名で、大変な美女でした。天から降りてきた神様が一目で恋に落ちてしまうほどです。ここでいう木の花とは山桜のこと。桜は、人間だけでなく神様も魅了しています。

神様のはなし

2 神様になった人間

学問の神様・天神様は、菅原道真という歴史上の人物。日光東照宮《にっこうとうしょうぐう》（栃木県日光市）の神様である東照大権現《とうしょうだいごんげん》は、江戸幕府を開いた徳川家康。初詣でもっとも多くの人が訪れる明治神宮（東京都渋谷区）の祭神は、明治天皇。このようにお祀りされている神様が、かつて人間だったという神社がいくつもあります。

日本人にとって神様はとても身近な存在。かつては人が神様の宿る存在、すなわち「依《より》坐《まし》」となることもありました。神と人間が結婚する神話があったり、神の子孫と伝えられてきた人々もいたりします。こうした神と人間の近さが、人間を神にする背景にはあるのかもしれません。

歴史を振り返ってみると、人間を神として祀るようになるのは平安時代のはじめ頃のようです。恨みを持ったまま亡くなった人がいると、その人の霊がさまざまな災厄をもたらすと考えていました。その霊を「御霊《ごりょう》」、こうした考え方を「御霊信仰」といいます。

９０１年（延喜元年）菅原道真は、政治的な争いに敗れ大宰府《だざいふ》に左遷され、亡くなります。彼の死後、落雷や皇太子の死など、都で災いが立てつづけに起こりました。そんなときに、これらの原因は彼の祟りではないかと考え、神として祀ったのです。御霊信仰のなかで天神様は誕生したということです。

時代が下るにつれて、普通の人にはできないようなすぐれた功績を成し遂げた人も神として祀るようになりました。徳川家康はこちらのタイプ。徳川家康の神としての名は東照大権現。この「権現」とは神仏習合に影響を受けた言い方です。詳しくは「神様のはなし3」（88ページ）に譲りますが、権現とは「権り（＝仮）に現れる」という意味で、家康の場合は、「薬師如来《やくしにょらい》という仏が、家康という照り輝く神として東国《とうごく》にあらわれた」と考えて、東照大権現としたのです。家康は仏の代わりに人間界にやって来て、東国、つまり江戸から日本を治めた神様だったということです。

徳川家康以外にも、戦国武将たちが数多く神社に祀られています。家康の家臣では本多忠勝（龍城《たつき》神社・愛知県岡崎市）、ライバルでは織田信長（建勲《たけいさお》神社・京都府京都市）、豊臣秀吉（豊国《とよくに》神社・京都府京都市）も神様になっています。伊達政宗（青葉《あおば》神社・宮城県仙台市）、上杉謙信（上杉《うえすぎ》神社・山形県米沢市）、前田利家（尾山《おやま》神社・石川県金沢市）、加藤清正（加藤《かとう》神社・熊本県熊本市）もゆかりの地で神様となっています。

【雛祭り（上巳の節句）】

桃の神様

雛祭りを彩る桃には、忌まわしいものをはねのける力を持つ神様が宿っています。その神威は、国生みの神の窮地を救うほどのものでした。

◎神様を救った聖なる果実

オオカムヅミ

桃は災いから私たちを守ってくれるというとても大きな力を持つ神様。オオカムヅミという名が付いています。名前の意味は不明ですが、日本の生みの親であるイザナキの絶体絶命のピンチを救ったことから神様となりました。

イザナキの奥さん、つまり国を生んだ母神であるイザナミは、火の神様を生んだ際に火傷《やけど》を負い亡くなってしまいます。妻の死を受け入れられないイザナキは、死者のいる黄《よ》泉《み》の国へと向かいます。するとイザナミがあらわれ、「黄泉の国の神様に元の世界に帰してくれるよう相談をするので、その間自分の姿を見ないように」と言いました。

しかし、妻を心配するあまり、イザナキは思わず明かりを灯してのぞいてしまいます。するとそこには、ウジや雷が湧いているイザ

ナミの死体が。驚いたイザナキが逃げ帰ろうとすると、後ろから黄泉の国の住人である恐ろしい姿をした醜い女や、怖い雷神たちが追いかけて来ます。必死で逃げるイザナキ。出口まであと少し、という所に桃の木がありました。イザナキがその実を取って投げつけると、黄泉の国の者たちはあっという間に逃げ帰って行ったのでした。

3月3日の上巳《じょうし》の節句を「桃の節句」と呼ぶようになったのは、季節の花だということだけではありません。神様の苦難をも助けるほどの力を持った桃に、女の子に降りかかる災難を除けてもらうためなのです。

桃の神様に女の子の無事を願う

❖雛祭り

「明かりをつけましょ、雪洞《ぼんぼり》に。お花をあげましょ、桃の花」と童謡にもあるように、3月3日の雛祭りは「桃の節句」としておなじみです。かつては3月はじめの巳《み》の日、上巳に行っていたことから「上巳の節句」とも呼ばれています。

上巳は邪気が入り込みやすい日。平安時代には紙や粘土でできた人形《ひとがた》に自分の罪や穢《けが》れ、降りかかる災いをうつし、川や海に流して無事を祈りました。祝い膳には決まって桃の花が添えられ、時に桃の花が人形とともに川を下ることもありました。

上巳の節句が女児の健康を願い、成長を祝うお祭りとなったのは、この人形と遊び道具の人形を重ねたため。人形を川や海に流す風習は、「流し雛」として現在に残っています。

江戸時代の職人は高価な人形をつくるようになり、華やかに飾り立てる現代のお雛様の原型が生まれます。やはりここでも、邪気を祓う桃が大切なしつらえとなりました。

ちなみに「雛人形をしまうのが遅いとお嫁にいけなくなる」という言い伝えは、災いを背負う役割を飾り雛にも与えているから。飾り雛を早く片付けることとは、流し雛を流すことと同じ意味合いなのです。

❖菱餅《ひしもち》

雛飾りにかかせないお供えものといえば菱餅。地方によって違いはありますが、一般的には緑、白、桃色に色付けした餅を重ねています。緑は春の芽吹き、白は残雪、桃色は咲き誇る桃の花。春の野山を写しとった繊細なお菓子です。

また、緑には健康、白には清浄、桃色には魔除けへの願いを込めています。

❖白酒と桃花酒《とうかしゅ》

雛祭りのお祝い気分を盛り上げてくれる白酒をいただくようになったのは、江戸時代後期に入ってから。それまでは桃の花を浮かべた桃花酒を飲むのが一般的でした。今度の雛祭りでは、白酒に桃の花をひたして、桃の神様・オオカムヅミと一緒にお祝いしましょう。

【命の誕生】

赤ちゃんの神様

沖縄の人たちに愛される不思議な存在といえば「キジムナー」。赤ちゃんや子供と一緒に遊び、見守ってくれる神様です。

◎無邪気な福の神

キジムナー

子供の無事な成長を願う思いは、いつもどこでも変わらないものでしょう。子供の姿をした神様であれば、子供が外で危ない目にあいそうなときや、困難に直面したときに、助けてくれそうです。

子供のような姿で、子供のようにいたずらっ子。神というより妖怪と扱われることが

多い存在にキジムナーがいます。キジムナーは沖縄諸島で、古い大木に住む精霊とされています。赤い髪をした子供の姿をしていて、海にとても詳しく、蛸穴《たこあな》を熟知しているそうです。水面を歩くという特技もあるとか。

　漁も得意でとくに魚の目が好物。漁をするときには松明《たいまつ》を持つので、不思議な光が見えたときに、それをキジムナーと呼ぶこともあります。また、片目の魚が釣れたときには、キジムナーが半分食べたものだとして、人間は食べません。おそらく、不思議な現象が見られたとき、その原因をキジムナーに求めてきたのでしょう。

　沖縄では子供たちの間でキジムナーの足跡を見る遊びが伝えられてきたそうです。静かで暗いところに円を描き、小麦粉などの粉をまき、火をつけた線香を中心に立て、呪文を唱えて隠れ、20秒して戻ると、そこにキジムナーの足跡を見つけることができるといいます。「ここにいるよ」と子供たちに少しだけ気配を見せているのかもしれません。

　キジムナーは座敷童子《ざしきわらし》やコロポックルなどと似ていて、良好な関係を持つと福をもたらしてくれるといいます。しかしそんなキジムナーにも苦手なものもあります。その一つが「おなら」。キジムナーに連れられて海の上を歩いていた人が、思わずおならをしてしまい、キジムナーが手を放して溺れたという話もあります。おならに注意をしてキジムナーと仲良くしたいですね。

【山遊び】

山の神様

荒々しい山の男たちが信仰してきたのは
ちょっとワガママな女神様。
同性である女性の入山を嫌い、
自分よりも醜い供物を望みます。

◎やきもち焼きの乙女な女神

山の神様

「山の神」は、妻、特に口うるさい妻のことを夫がこぼすときに使う言葉です。この言い回しにもあらわれているように、各地の山に住まう山の神様の多くは女神です。それも嫉妬深い女神なので、女性が山に入ることを嫌うという地域が多くあります。

山の神様は容姿が醜いため、オコゼという見た目の悪い魚をお供えにすると喜び、山の幸を恵んでくれるのだとか。

また、1年に12人の子供を産むともいわれる、お産の神様でもあります。ちょっと気難しいけれど、いざというときにはとても頼りになる女神様です。

山の神様とともに過ごす

❖山遊び

里の人間と山の神様とが一緒になって遊び、宴を楽しむ風習があります。お花見や遠足の起源ともいわれる、山遊びです。あたたかい地方では旧暦の3月3日、寒い地方では4月8日頃に行います。

昔から日本人は、畑仕事や漁が忙しくなる前に、心身を休める物忌みの日を設けてきました。この日は仕事を休み、大人も子供も山の神様のもとへ遊びに行きます。花を愛でたり散策したりしたあとは、神様も交えて宴会を開きます。ともに過ごし、同じものを食べることで神様との結び付きを強くするのです。

❖山の神様と木

山の神様は股のある枝を喜ぶとして、お供えものにする地方があります。また、股のある枝が地面に平行して伸びている古木を「山の神の遊び木」と称え、神木として受け継ぐ地域も。神奈川県足柄下郡《あしがらしもぐん》湯河原町《ゆがわらまち》には、そこに自生している樹林全体を山の神様として祀る「山神の樹《じゅ》叢《そう》」があります。

【花見】

春の神様

地上に春をもたらす女神は、やわらかな霞《かすみ》を身にまとうオシャレさん。一斉にほころぶ春の花々も、彼女のアクセサリーです。

◎神様界のファッションリーダー

佐保姫

地上に春をもたらす女神・佐保姫《さほひめ》は、古都奈良の東、佐保山《さほやま》に住んでいます。ひときわ美しく春霞がたなびく山です。佐保姫が得意なのは、機織《はたお》り、染色。美しい霞も女神のお手製です。

なぜ佐保姫が春の担当になったかといえば、佐保山が平城京から見て東の方角にあったから。かつて日本人の生活に根付いていた五《ご》行説《ぎょうせつ》という考え方では、東は春の方角にあたるのです。

この佐保姫のライバルともいえるのが、西の方角にある竜田山《たつたやま》の竜田姫《たつたひめ》。秋の女神様です。竜田姫も竜田山の見事な紅葉をみずから染め、織り上げます。

春の女神と秋の女神の衣装対決が、私たちの目を楽しませてくれるのです。

春の神様の息吹きを感じる

❖佐保姫と桜

佐保姫が住まう佐保山は奈良県奈良市にあり、麓には佐保川が流れます。佐保川は関西有数の桜の名所。佐保姫の微笑みで1000本にも及ぶ桜並木が一斉にほころび、訪れる人々を出迎えます。日本列島を縦断し春を告げる桜前線は、各地に降り立った佐保姫の軌跡です。

❖佐保姫と和歌

人々が待ちわびる春をもたらす佐保姫は、数多くの和歌に登場します。

佐保姫の
霞の衣ぬきをうすみ
花の錦をたちやかさねむ
後鳥羽院

（佐保姫のまとう霞の衣は横糸が少ない。だから春の花々を錦にして重ね着するのだろう）

佐保姫の
うちたれ髪の玉柳
ただ春風のけづるなりけり
大江匡房

（佐保姫の髪のような柳は、ただ春風が梳《す》いているだけなのに美しい）

【旅】

旅行の神様

父に命じられて日本中を旅し、各地で勇敢な活躍をした神様。恐れずに進む行動力と、行く先々で周囲に支えられる運の良さにあやかりましょう。

◎**日本各地に足跡を残した英雄**

ヤマトタケル

神話には、さまざまな移動をする神や英雄が登場します。なかでも大冒険というにふさわしい旅をしたのが英雄・ヤマトタケルです。ヤマトタケルは景行《けいこう》天皇の皇子として生まれましたが、とても力が強く、兄を殺してしまうという暴力的な面もありました。そのため父に恐れられ、天皇に従わない神や勢力の討

伐を命じられます。はじめは九州の熊襲《くまそ》。そのあと出雲《いずも》をまわって大和《やまと》（奈良県）に戻ります。長旅を終えたヤマトタケルに、父はすぐに東の従わない者どもを征伐するよう命じます。ヤマトタケルは父が自分を死ねばいいと思っているのだろうかと嘆きつつも、伊勢《いせ》神宮に詣で、叔母のヤマトヒメから草薙剣《くさなぎのつるぎ》などを受け取り、旅を続けることになりました。

伊勢（現在の三重県）から東国へと向かう途中、悪者がヤマトタケルを倒そうと、草むらに火を放ちます。ヤマトタケルは、ヤマトヒメからもらった剣で周りの草をなぎ倒し、火を敵のほうに向かわせ、逆に悪者を退治しました。その場所は「焼津」といいます。現在の静岡県焼津《やいづ》市の地名の由来になっています。

このようにヤマトタケルの旅は、さまざまな土地の地名の起源と結びついていきます。東国を吾妻《あづま》といいますが、これもヤマトタケルが旅の途中で亡くした妻を思い「あづまはや（わたしの妻よ）」と嘆いたことに由来するといいます。

ヤマトタケルは最後に伊吹山《いぶきやま》の神の力によって体が弱められて亡くなります。そんな彼の魂は白い鳥になって飛び去ったと伝えられます。彼はまだ旅を続けている。残された人々はそう思いたかったのかもしれません。

【行楽】
道案内の神様

◎神様一行の案内人
サルタヒコ

寒い冬が過ぎ、たくさんの花々が咲き出す春は、ウキウキとしてどこかへ出かけたくなるもの。今まで1度も行ったことのない、知らない場所にもチャレンジしたくなります。でも、迷ってしまわないか心配。そんなときにも神様はあらわれます。道案内の神様であるサルタヒコです。

はじめて旅する道でも
サルタヒコがいれば安心です。
先々まで見通す大きな目をフル活用して、
旅人を目的地まで送り届けてくれます。

高天原《たかまのはら》の神様であり太陽の神様であるアマテラスの孫・ホノニニギが、はじめて地上に降りようとしたとき（１７４ページ）、サルタヒコは天と地の間まで迎えに行きました。

ところが突然あらわれたサルタヒコに神様たちはビックリ。サルタヒコの鼻はとんでもなく長く、目はピカピカと赤く輝いているという異様な姿だったからです。

神様会議の末、アマテラスを和ませた実績を持つアメノウズメ（１９０ページ）が話

しかけることになりました。するとサルタヒコは自分の名を名乗り、はじめて地上に降りる神様一行の道案内に来たのだと明かします。ようやく安心した神様たちは、サルタヒコに導かれ、無事に地上へとやって来ることができました。

サルタヒコの姿は、赤い顔に高い鼻、金色の目をした天狗《てんぐ》を連想させますね。天狗のイメージはサルタヒコの影響を受けているともいわれます。

神社のお祭りでお神輿《みこし》が出るとき、必ずと言っていいほど行列の先頭に天狗の面をつけた人物がいるのは、サルタヒコがお神輿を導いているからなのです。

道案内の神様についていく

❖猿《さる》田《た》彦《ひこ》神社

ホノニニギ一行を地上へと案内したあと、サルタヒコは本拠地であった伊勢（三重県）へと戻りました。伊勢まではアメノウズメに送ってもらい、その後、2柱は結婚したとも伝わっています。

そんなサルタヒコを伊勢の地で祀るのが、猿田彦神社（三重県伊勢市）です。道案内から発展して、引っ越しや旅行の無事を願う方除《かたよ》け、交通安全の神様として、伊勢の人々が親しんでいます。通称は「みちひらきの神様」。人生に迷ったとき、なにか新しいことをはじめるとき、未来を拓く力をわけていただこうと訪れる人が後を絶ちません。

かつて本殿が建っていた場所、古殿地《こでんち》には、方位石《ほういいし》が鎮座しています。方角が刻まれた8角柱は、サルタヒコのみちひらきの神徳の象徴です。願いを込めつつ石を触れれば、より良き道に導いてもらえます。

❖神幸祭《しんこうさい》

神社のお神輿が町内を練り歩くお祭りを「神幸祭」と呼びます。お神輿は、神様の聖なる乗り物。普段は社殿にいる神様がお神輿にうつり、氏子（22ページ）が住む地域を見回るのです。

各地で行われる神幸祭の多くは、サルタヒコが先導役を務めます。長い鼻にギラギラと大きな目が輝くお面をつけた人物が、行列の先陣を切るのです。昔も今も、サルタヒコが神様の道案内をしているのですね。

❖サルタヒコと蛙《かえる》

稲荷神《いなりのかみ》のキツネのように、生き物をお使いとする神様は多くいます。

三重県伊勢市の古社、二見興《ふたみおき》玉《たま》神社が祀るサルタヒコのお使いは蛙。「無事かえる」「貸したものがかえる」などの縁起を担いでおり、ご利益を受けた人々が奉納した蛙の像が参拝者を出迎えます。

二見興玉神社といえば、海に浮かぶふたつの岩に注連縄《しめなわ》を張った夫婦岩《めおといわ》でも有名です。全長35mにも及ぶ注連縄は、鳥居と同様、人間の住む俗界と神域とを隔てる結界です。夫婦岩近くの沖合に沈むサルタヒコゆかりの岩、興玉神石《おきたましんせき》の聖域を示しています。

【田植え】

田の神様

田植えの春から稲刈りの秋まで、お米の成長を見守ってくれる神様のフットワークはなかなか俊敏。季節ごとに山から田へ、田から山へと住まいを変えます。

◎郷土色豊かに慕われる

田の神様

田の神様は、4～6月の田植えの時期になると山から降りてきます。秋の豊かな実りをもたらし、お米を主食としてきた日本人を支えつづける神様です。

おもしろいことに、多くの地域では田の神様は山の神様でもあります。春に山から里へと降りて来て田の神様になり、稲が無事に成長するよう見守ります。無事に稲刈りが終わったのを見届けると山へ帰って行き、山の神様となるのです。

地域に根ざした神様なので、その土地その土地で呼び方もいろいろ。「農神《のうがみ》」、「作神《さくがみ》」、「作《つく》り神《かみ》」、「亥《い》の神《かみ》」などがあります。姿もさまざまで、竹やワラで作られた案山子《かかし》を田の神様とする地域も。雨の日も、風の日も1本足で立ちつづけ、作物を鳥や獣から守ってくれる神様ですね。

九州の南部、鹿児島県や宮崎県の一部では、石づくりの「田《た》の神《かん》さぁ」があちらこちらの田んぼの脇にいます。神職の姿をした神様もいれば、しゃもじとお椀を持って、カラフルに色を塗られたとてもユーモラスな田の神さぁもいます。

身近な神様ほど多様な姿になるのが、日本に住む神様の特徴です。田の神様が、地元の人々に愛されてきたことがわかります。

田の神様と米を育てる

❖田植え神事

米づくりをする人々にとって、田の神様はもっとも大切で身近な神様。節目節目の農作業も、神様と一緒に行います。

種籾《たねもみ》をまく時期、東日本の各地では苗床の水源に季節の花や焼き米を供え、病気や天候不順をものともしない元気な稲になるよう力を授けてもらいます。

無事に種籾が苗に成長したあとは、いよいよ田植え。かつては集落をあげての共同作業であり、一大神事の場でもありました。田植えを取り仕切る男性の指示のもと、村人たちはにぎやかに笛や太鼓を打ち鳴らし、田の神様を盛り立てて豊作を願います。

水を張った田には、新しい菅《すげ》笠《がさ》に揃《そろ》いの装束、襷《たすき》をキリリとかけた「早乙女《さおとめ》」と呼ばれる女性たち。田植え唄を口ずさみながら、足並みを揃えて苗を植えていきます。早乙女たちは、重要な農作業の担い手であると同時に、神様に仕える聖なる身分でもあるのです。

農作業の機械化により、このような田植えの風景は見られなくなりました。しかし、田の神様は今でも健在。広島県山県《やまがた》郡《ぐん》北広島町の「壬生《みぶ》の花田植《はなたうえ》」、千葉県香取市や茨城県鹿嶋市の「御田植祭《おたうえさい》」など、日本各地で田の神様が活躍しています。

❖ 田楽《でんがく》

田植えにおいて、田の神様の心をはずませるために打ち鳴らす笛や太鼓、舞う踊りは余興としても発達し、「田楽」という伝統芸能に昇華しました。平安時代後期の文献は、貴族たちがこぞって田楽に興じる様子を描いています。

鎌倉時代以降もその人気は衰えず、田楽を生業《なりわい》とする人も登場したほど。能楽など、日本独自の芸能を発展させる土台ともなりました。

時を経た現代でも、各地に郷土色豊かな田楽が数多く残り、神社のお祭りや地域の行事を盛り上げています。なかでも代表的なのは宮城県仙台市の「秋保《あきう》の田植踊」と、和歌山県東《ひがし》牟《む》婁《ろ》郡《ぐん》那《な》智《ち》勝浦《かつうら》町《ちょう》の「那智の田楽」。ユネスコ無形文化遺産にも登録され、奉納日には多くの人が見物に訪れます。

初夏

端午《たんご》の節句、母の日、父の日、結婚式。
初夏の神々は、私たちに
家族の尊さを教えてくれます。

婦人病や魔を祓う神聖な花としての紫陽花《あじさい》

紫陽花には魔を祓う力がある、病を遠ざける力があるといわれてきました。紫陽花の神様は神話には登場しませんが、梅雨のじめじめとした空気で暗くなる気持ちを清々しくしてくれる紫陽花に、神様が宿っていると考えたのでしょう。

6月に紫陽花の花の部分を切って紙でくるみ、トイレに逆さに吊るしておくと

婦人病にならないという言い伝えもあります。トイレの神様も、紫陽花の神様を愛でているのですね。

神様のはなし

3

神様・仏様の関係

どうしても叶えたい願い事があるとき、窮地に陥ったとき、「神様、仏様！」と言ってしまったり、大変な悲劇が起こったとき「神も仏もない」という言い方をすることがあります。神様と仏様はもちろん違うものですが、このように似たようなものとして扱われることも少なくありません。それは神様と仏様との間に、深く長い関係があるからです。

仏教が日本に伝えられたのは6世紀半ば頃。仏様のことは、「蕃神《あだしくにのかみ》」と呼んでいました。これは「外国から来た神」という意味で、日本にもともといる神様と対比した呼び方です。伝えられた頃は、天皇がどう仏教を受け入れていくかという点などを巡って、朝廷内で対立もありましたが、日本の神様を祀る神道と仏様を中心とする仏教は共存していくようになります。

そしてその関係がだんだんと密接になっていくなかで、8世紀前半には神様を仏様の力で解脱させる、という考えが出てきます。神社に「神宮寺《じんぐうじ》」という寺をつくり、神の前で読経を行うようになりました。また、神様は仏教を守護するという考え方もあらわれ、東大寺の大仏建立を八幡神《はちまんしん》が手伝ったという伝承も伝えられます。仏像のように神様の姿をかたどる「神像」も平安時代初期にはあったようです。

このように密接な神様と仏様の関係について、さまざまに説明しようという試みも出てきます。「神様とは仏様が日本の人々を救うために仮の姿であらわれたのだ」という考えもそのひとつです。たとえば、太陽の神様・アマテラスの本当の姿は、大日如来《だいにちにょらい》とされました。本当の姿を本地《ほんち》、仮にあらわれることを垂迹《すいじゃく》というので、この考え方は「本地垂迹説」といいます。

江戸時代になると、日本の本来の姿を究めようという学問、国学が出てきます。そうすると、日本の神道と外来の仏教をわけていくべきであるという考え方もあらわれます。この考え方を受け、明治維新のときに神仏判然令が施行されました。神様仏様を区別しなさい、というものです。「神仏分離」といいます。そのため各地の神宮寺は神社かお寺のどちらかを選択し、「権現《ごんげん》」など仏教風の神様の名前も禁じられることになりました。

それでも「神様仏様」という言い方が残っているのは、１０００年以上にわたる長い共存の伝統があるからなのでしょう。

【こどもの日（端午の節句）】

子育ての神様

八幡神を生んだ神功《じんぐう》皇后は、たくましく、しなやかに働く母親たちの先駆け。身重の体で戦いを率い、揺るぎない信念のもと、我が子を教え導きました。

◎元祖ワーキングマザー

神功皇后（オキナガタラシヒメ）

子育ての願いや悩みを引き受けるのは、たくましいワーキングマザー、神功皇后（オキナガタラシヒメ）です。

神功皇后は、夫の仲哀《ちゅうあい》天皇と筑紫国《つくしのくに》（福岡県）に出掛け、夫が急死するという悲劇に見舞われます。このとき皇后は臨月。にもかかわらず、朝鮮半島の国家・新羅《しらぎ》を攻めるという大仕事を、天皇に代わって行わなくてはなりませんでした。そこで皇后は石をお腹にあてて、産気を鎮めながら戦いを率いたのです。そして見事に新羅を降伏させたあと、帰国して御子《みこ》を無事に出産しました。

出産後も、皇后の苦労はつづきます。亡くなった天皇にはほかにも御子たちがいて、彼らが皇位を狙って反乱を起こしたのです。神功皇后は、我が子を守り、そして天皇の位に就けるため、臣下の助けも借りながら反乱を

平定し、御子を連れて大和《やまと》（奈良県）へと入ります。

神功皇后が長い間政治を行い、亡くなったあとには、その御子が天皇となります。第15代天皇・応神《おうじん》天皇です。応神天皇は、のちに戦いの神・八幡神として特に武士から篤い信仰を集めました。その八幡神の母ということで、神功皇后も広く信仰されるようになりました。

夫を早くに亡くし、働きながら子供を育て、天皇の位へと導いた神功皇后。子育ての神様であり、働くお母さんの味方でもあります。

子育ての神様に我が子を見守っていただく

❖端午《たんご》の節句と五月人形

兜《かぶと》飾りに武者人形、金太郎……。端午の節句を彩る五月人形のなかには、神功皇后をかたどったものもありました。

平安時代、物忌みの月である旧暦5月のなかでも、数字が重なる5日に災厄を祓っていた風習が中国から伝わり、端午（5月5日）の宮中行事として定着しました。ヨモギなどの薬草を摘み、菖蒲《しょうぶ》をひたした酒を飲むことで邪気を祓っていたそうです。

その一方、もともと日本には田植え前の厄祓いとして、屋根に菖蒲やヨモギをかけた小屋で禊《みそぎ》を行う民間行事がありました。このふたつのならわしが混ざり合い、菖蒲を浮かべた菖蒲湯が生まれたと考えられています。

やがて八幡神を守り神とした武士が活躍する鎌倉時代になると、菖蒲が「勝負」「尚武（武道を重んじること）」に通じる縁起物として注目されるようになります。一族の宝である男児の誕生を祝い、武運を祈る節句へと変化していったのです。

江戸時代に入るとこの気風が庶民にも広まり、やがて端午の節句は男の子の出世と健康を願うお祭りとなりました。

五月人形は、江戸時代から登場したもの。家の前に棚をつくり、神功皇后をはじめ武者姿をした神様の人形をしつらえました。子供がたくましく育つよう願いを込めたのです。やがて人形は小さくなり、家のなかに飾るようになるとともに、さまざまなバリエーションが登場しました。

5月5日は「こどもの日」。時代は変われど、子供の誕生を喜び、無事に成長することを神様に願う親の気持ちは同じです。

❖腹帯

子供を身籠もって5か月目の戌《いぬ》の日、お母さんたちは「岩田《いわた》帯《おび》」と呼ばれる腹帯を巻いて安産を願います。日本独自の風習、帯祝《おびいわ》いです。戌の日に行うのは、お産が軽く、子だくさんの戌（犬）にあやかるため。最近は夫婦や家族で安産祈願を受けたあと、岩田帯を授けていただく方もいます。

神功皇后は御子が戦場で生まれないよう、帯のなかに石を入れ、お腹に巻きつけて戦いました。これが腹帯の起源ともいわれています。

腹帯は、お腹を冷えから防ぐとともに、母親となる自覚を促すきっかけにもなります。出産のその時まで、神功皇后のパワーが母子を支えるのです。

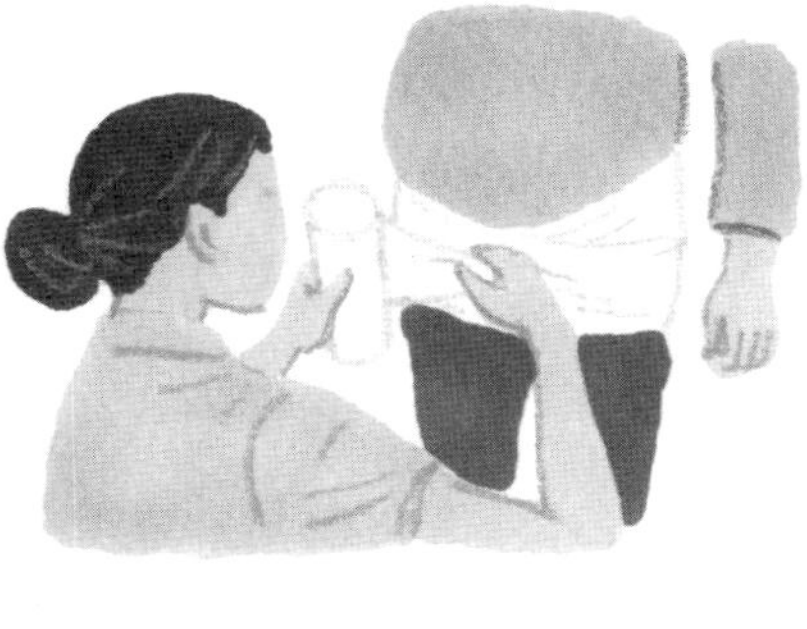

【母の日】

お母さんの神様

我が子の成長を心配するがあまり、自分の乳房を引きちぎり地上に残した女神。乳房は岩となり、人間のお母さんたちの心を支えています。

◎悲しき慈愛に満ちた母神

トヨタマビメ

トヨタマビメは、海の神様・ワタツミの娘。海のなかの宮殿に暮らしていました。あるとき、なくした釣り針を探しにホオリという神様が地上からやって来ます。ワタツミの勧めもあって2柱は結婚。幸せに暮らしていましたが、ホオリは釣り針を見つけると、地上へと戻ってしまいました。しかし、ホオリが去ったあと、妊娠が発覚。夫のもとで出産するため、トヨタマビメは地上へと向かいます。

いよいよ出産というとき、トヨタマビメは夫に「子を産むときの姿を決して見ないでください」とお願いします。ですが、そう言われたら気になってしまうもの。ホオリは好奇心を抑えきれずに出産の様子をのぞいてしまいます。すると、そこには巨大なワニ（サメのこと）が苦しみのたうち回っていました。

自分の姿を見られたことを知ったトヨタマ

ビメは、このままホオリとともに暮らすことはできません。生まれたばかりの子を地上に置いて、海のなかへと帰って行くしか道はありませんでした。

　出産の場と伝えられる宮崎県日南市の鵜戸《うど》神宮《じんぐう》本殿の奥には、洞窟の天井から大きな岩が垂れ下がっています。言い伝えによると、去って行くトヨタマビメが自分の乳房を引きちぎり、天井に張りつけたものだそうです。この岩からしたたり落ちる清水が、赤ちゃんを育てたとか。今も昔も、人間も神様も、お母さんは命がけで子を守っているのです。

　トヨタマビメは海に戻ったあと、妹を地上へと送り、子育てを託しました。そして、2度と子供と会うことはありませんでした。

お母さんの神様と産み育てる

❖おちちあめ

我が子を思い、トヨタマビメが地上に残した「お乳岩《ちちいわ》」は多くの母親たちを助けてきました。お乳岩がある鵜戸神宮の本殿は、全国でも珍しく、海に面した洞窟のなかに鎮座しています。そしてこの洞窟こそが、トヨタマビメが出産したと伝わる場所です。鵜戸神宮の祭神は、トヨタマビメとホオリの子、ウガヤフキアヘズノミコト。地元では「鵜戸さん」の名で親しまれています。

海に戻るトヨタマビメが自分の乳房を引きちぎり、洞窟の天井につけたお乳岩は、本殿の奥にあります。この岩からしたたり落ちる清水を母乳がわりに、ウガヤフキアヘズノミコトは健やかに育ちました。清水はトヨタマビメのあふれる母性愛そのもの。昔から、子授けや安産を願う多くの人が訪れ、そのご利益にあずかってきました。

また、この清水からつくられた「おちちあめ」をお湯に溶かして飲むと、不思議と母乳の出が良くなるといわれています。

❖安産箒《あんざんほうき》

高忍《たかおし》日賣《ひめ》神社（愛媛県伊予郡松前町《まさきちょう》）には、トヨタマビメが箒の力に助けられて無事に出産を果たしたという伝承が残っています。

　トヨタマビメが海岸の産屋《うぶや》で産気づいていたときのこと。産屋にたくさんの蟹《かに》が入り込んできました。動揺したトヨタマビメはたちまち難産となってしまいます。すると、同社に祀られている神様が箒をつくり、蟹を掃き出し、助けてくれたのです。

　出産はいつの時代も、命をかけた大仕事。できるだけ母子の負担が軽いお産になるようにと、日本人はさまざまな願掛けを行ってきました。なかでも、全国各地に共通して見られるのが、トヨタマビメを救った箒にまつわるならわしです。

　新しい箒で妊婦さんのお腹を撫でたり、出産の際、足元に逆さに立てたりしておくと安産になるといわれています。反対に、妊娠中に箒をまたいだり、踏んだりするとお産が重くなるのだとか。箒の「掃き出す力」は安産にご利益があり、大切にしない女性は難産になると信じられてきたのです。

　掃除機に取って代わられ、家のなかから箒は姿を消しつつあります。しかし最近では、出産を控えた女性への古くて新しい贈り物として、安産箒が注目を集めています。後々、卓上箒としても使える、小さくかわいらしい縁起物です。

【梅雨】

雨の神様

春雨、梅雨、夕立、台風……。時に恵みを、時に災害をもたらす雨の神様は、命の散り際に流れた血と尿から生まれました。

◎雨を自在に操る2柱の水神

ミツハノメ・タカオカミ

梅雨は、連日降る雨にうんざりします。でも、農作物にとっては恵みの雨。田植えのあとにしっかりと梅雨があることで稲は成長し、夏の暑さを乗り越えていくことができます。

とはいえ、毎年雨はちょうどよく降ってくれるわけではありません。そこで日本では、古くから水の神様にお願いをしてきました。

雨が降るようにと願うことを祈雨《きう》、止むように願うことを止雨《しう》といいます。この祈雨・止雨の代表的な神様が、ミツハノメとタカオカミです。

ミツハノメは、自然界のさまざまなものを生み出したイザナミの子。イザナミが火の神様・カグツチを生む際に大火傷《おおやけど》を負い、嘔吐《おうと》や失禁するなか、尿から生まれました。

タカオカミは、イザナミの死を悲しんだイザナキがカグツチを斬り殺したとき（215

ページ）、剣についた血から生まれた神です。水神である龍を意味する「オカミ」が名前に使われています。

ミツハノメは、古くから朝廷によって祈雨・止雨の祈願を受けていた奈良県吉野郡東吉野村の丹《に》生《う》川上《かわかみ》神社に、タカオカミは京都府京都市の貴《き》船《ふね》神社に祀られ、水神として雨を司っています。

いずれの神社にも、祈雨のときには黒馬を、晴れを願うときには白馬を奉納するならわしがありました。やがて本物の馬ではなく、絵に描いた馬を奉納するようになったのが、絵馬の起源といわれています。

雨の神様を側に感じる

❖てるてる坊主

旅行や大切なイベントの前、晴天を望む気持ちのあらわれが、てるてる坊主です。四角い布や

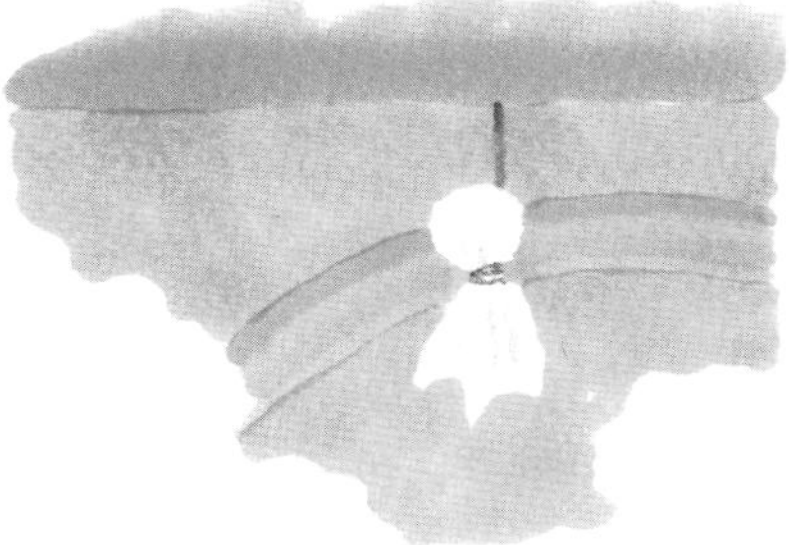

紙の中央に綿などを置き、丸めた部分を頭に見立てて軒下などに吊るします。

人々が親しむようになったのは江戸時代から。「てりてり坊主」や「てるてる法師」といった名前でも呼んでいたようで、自分の身代わりとして罪や穢《けが》れを背負わせた祓人形《はらえ》が転化したものと考えられています。願いどおりに晴れたら顔を描いたり、お神酒《みき》をかけて川に流したりしてきました。

てるてる坊主の起源ははっきりとわかっていませんが、ここぞというときの止雨は、ミツハノメやタカオカミに願いを届けてくれるよう頼んでみましょう。

❖水占《みずうら》

京都府京都市に鎮座する貴船神社は、全国に300社以上あるとされる雨乞い信仰の神社の本源。雨の神様・タカオカミを祀っています。京都市内を流れる鴨川の上流となる貴船川のほとりにあるため、「川上の神」とも呼ばれ、貴船川の清い流れはタカオカミの神威の象徴です。

貴船神社の参拝客の間でよく当たると人気を呼んでいるのが、水占みくじ。タカオカミのお告げを、水の力を借りて受け取ります。社務所でいただいたおみくじをご神水にひたし、待つこと数秒。少しずつ文字が浮かび上がってきます。

❖川床《かわどこ》

夏の京都を彩る風物詩といえば、納涼床《のうりょうゆか》。川の近くや川の上に座敷をつくり、涼と料理を楽しみます。鴨川では「床《ゆか》」、貴船川では「川床」と呼ばれます。

京都は猛暑で知られますが、川床は市街地にくらべ10度以上気温が低くなることもあるのだとか。貴船川から吹く涼やかな風は、雨と水を司るタカオカミの恵み。夏の暑さで疲れた体をやさしく包み込みます。

【結婚式】

結婚式の神様

結婚の歓びを高らかに詠んだ神様がいます。乱暴狼藉から高天原《たかまのはら》を追われたスサノオです。荒ぶる神は時を経て、美しい女神に恋をしました。

◎怪物退治で結ばれた神様夫婦

スサノオ・クシナダヒメ

八雲《やくも》立《た》つ　出雲《いずも》八重垣《やえがき》　妻《つま》ごみに
八重垣作る　その八重垣を

もくもくと雲がめでたく湧き出る。そんな出雲で妻と暮らす新居に垣根を巡らせよう、という意味です。妻との新生活が楽しみでたまらない。誰にも邪魔されたくない。そんな新婚気分あふれる和歌を詠んだ神様がいます。

それはスサノオ。苦難を乗り越え、クシナダヒメと結婚できる喜びをおおらかに謳っています。

2柱の出会いは出雲（島根県）。クシナダヒメがヤマタノオロチという八頭八尾の恐ろしい怪物の生贄《いけにえ》にされそうになっているときでした。クシナダヒメの両親は、なにもできずただ泣くばかり。そこに通りかかったのが、スサノオです。スサノオは、一目でクシナダヒメを気に入り、結婚を条件に、ヤマタノオ

ロチ退治を申し出ます。

まずスサノオはとても強いお酒をつくらせ、8つの瓶を満たしました。やって来たヤマタノオロチは瓶にそれぞれの頭を入れて酒を飲むと、酔っ払って寝入ってしまいます。そこをスサノオがズタズタに斬り殺しました。

無事にヤマタノオロチを退治したスサノオは、クシナダヒメとともに出雲の新居に暮らすことになりました。神婚夫婦神の幸せをわけてもらいたいものですね。

結婚式の神様の幸せにあやかる

❖神前結婚式

愛し合うふたりが夫婦となり、永遠の幸せを願う結婚式。日本では花盛りの３～５月、実りの時期の10～11月に行われることが多かったものの、「６月の花嫁は幸せになれる」というヨーロッパの言い伝えから、ジューンブライドもすっかり定着しました。

結婚式場での挙式をはじめ、現代の結婚式はバラエティ豊か。とはいえ、神様に結婚を報告する神前結婚式は根強い人気を誇っています。

八《や》百《お》万《よろず》の神様が暮らす国、日本の神前結婚式は古来のものと思いがちですが、じつはその歴史はここ１２０年あまり。１９００年（明治33年）、のちに大正天皇となる嘉仁《よしひと》親王が、皇居内の賢所《かしこどころ》で結婚式を行ったことがはじまりです。賢所に祀られていたのは、スサノオの姉である太陽の神様・アマテラスでした。これをきっかけに、「神様の前で結婚式を挙げたい」という要望が増え、やがて各神社が結婚式を執り行うようになったのです。

スサノオとクシナダヒメを祀る神社で結婚式を挙げれば、2柱の愛のご利益をしっかりと授かれそうですね。

❖スサノオと地名

スサノオとクシナダヒメが新婚生活を送った出雲地方には、2柱ゆかりの地名が多く残っています。新居を構えた土地は「須賀《すが》」。この地を訪れたスサノオが「すがすがしい」気分になったことが由来で、スサノオとクシナダヒメを祀る須我《すが》神社（島根県雲南市）が鎮座しています。

結婚後、「良い土地であるから、自分の名前を付けるように」と言い、腰をすえたのは「須佐《すさ》」。御魂を祀る須佐神社（同県出雲市）があり、篤い信仰を集めています。

❖八重垣神社

運命の出会いで結ばれた2柱にあやかろうと、多くの女性が訪れる神社があります。島根県松江市にある八重垣神社です。もとは2柱が新居を構えた須賀の地に創建され、のちに現在の場所へとうつされました。奥の院にはクシナダヒメがヤマタノオロチから身を隠した佐久佐女《さくさめ》の森や、姿見がわりにのぞいたという鏡の池が残っています。鏡の池で行えるのは、縁占い。社務所でいただくお告げの書かれた半紙の中央に硬貨を載せ、その沈み方によって運命の人とのご縁を占います。

【父の日】

お父さんの神様

娘の結婚、となったら
心中穏やかでないのは人間も神様も同じ。
我が子を愛するあまり、お父さんの神様は
花婿候補に無理難題を出しつづけます。

◎お父さんの神様は心配性

スサノオ

ヤマタノオロチを退治して、クシナダヒメと結婚したスサノオ。愛する者のために難業を成し遂げた神様は、娘への愛情もたっぷり。お父さんの神様でもあります。

出雲に住んでいたスサノオですが、いつの頃からか地下にある根《ね》の国《くに》で娘のスセリビメと暮らしていました。そこへ子孫のオオクニ

ヌシがやって来ます。スセリビメが出迎えると、2柱はその場で恋に落ちます。スセリビメにオオクニヌシが来たことを告げられたスサノオは、すぐに2柱の関係を察しました。

娘の結婚相手を見極めようということか、スサノオはオオクニヌシに蛇がウヨウヨと這《は》いまわる部屋や、ムカデと蜂がたくさんいる部屋を寝室として与えます。しかしスセリビメの助けで、オオクニヌシはぐっすりと眠ることができました。次にスサノオは、野原に放った矢を探すように命じます。オオクニヌシが野に踏み入ると、すかさずスサノオは火を放ちました。さすがに死んだと思い、スサノオとスセリビメが葬儀の準備をしていると、ひょっこりとオオクニヌシがあらわれます。野原で火に囲まれたとき、ネズミが洞穴を教えてくれて助かったと言うのです。

さらに家に帰ったスサノオは、オオクニヌシに自分の頭のシラミを捕るように命じます。次第にオオクニヌシがかわいく思えてきたスサノオは、寝入ってしまいました。

この隙にオオクニヌシはスセリビメを連れ、地上へと逃げます。目が覚めたスサノオが起き上がろうとすると、髪の毛が柱にくくりつけられ、思うように動けません。スサノオはとうとうオオクニヌシを認め、スセリビメを正妻とし、地上の王となるよう声をかけました。娘が選んだ相手を認め、幸せを願えるようになった瞬間です。お父さんの神様も葛藤の末に、真に娘を思う父になったのです。

お父さんの神様の胸中をしのぶ

❖亀太夫《かめだゆう》神事

島根県出雲地方では口うるさい人のことを「亀太夫」と呼ぶのだそうです。語源は、義理の父子であるスサノオとオオクニヌシの微妙な関係をしのばせる、なんともユーモラスな神事。スサノオが住む熊野大社《くまのたいしゃ》（島根県松江市）に、オオクニヌシが住む出雲《いずも》大社《たいしゃ》（島根県出雲市）の宮司が火おこしの道具を借りに行く、亀太夫神事です。

スサノオは、燧臼《ひきりうす》と燧杵《ひきりぎね》を使った火おこしの方法を伝えてくれた神様でもあります。オオクニヌシを追い詰めようと火を放ったのは、前ページで紹介した通りです。熊野大社は「日本《ひのもと》火出初之社《ひでぞめのやしろ》」とも呼ばれ、境内には燧臼と燧杵を保管している鑽火殿《さんかでん》があります。

毎年10月、翌月に行う新嘗祭《にいなめさい》で必要となる聖なる火をおこすため、出雲大社の宮司が大きなお餅を手土産に、熊野大社に燧臼と燧杵を借りに行きます。しかし、熊野大社の神官である亀太夫が、このお餅に難癖をつけるのです。やれ、今年の餅は小さい、やれ、ヒビ割れがあるので違うものを納めてほしい……。出雲大社の宮司は黙って苦情

を聴きつづけ、しばらくすると亀太夫も納得。お餅を受け取り、神事は終了します。

　娘婿オオクニヌシを厳しく鍛えるスサノオの親心はいまだ健在。その人間臭さに親しみを覚えずにはいられません。

❖大国主《おおくにぬし》

　神話に登場する神様は、ひとつの名前で語られるわけではありません。オオクニヌシもオオムナジ、アシハラノシコヲなど、いくつかの別名を持っています。私たちが親しんでいる「オオクニヌシ」という名前は、じつはスサノオが宣言したもの。娘の婿、そして地上を治める「国《くに》の主《ぬし》」として認めたときに「大国主」と呼びかけたのです。

　のちに漢字の音読みから、オオクニヌシは七福神の大黒天《だいこくてん》（28ページ）と一体化し、もっとも身近な福の神となりました。スサノオの先見性が、オオクニヌシの道を拓いたのです。

【夏越の祓】

疫病除けの神様

6月30日は夏越《なごし》の祓。各地の神社で行う「茅《ち》の輪《わ》くぐり」の風習は、疫病除けの神様の教えによって生み出されました。

◎恩返しをする義理堅い神様

牛頭天王（スサノオ）

あるとき旅の途中の神様が、一夜の宿を借りようとします。その地には蘇民将来《そみんしょうらい》と巨旦《こたん》将来《しょうらい》という兄弟が暮らしていました。弟の巨旦将来は裕福なのに宿を貸すことを断り、蘇民将来は貧しいながらも神様をお迎えし、心づくしのおもてなしをしました。

しばらく経ち、神様がまた蘇民将来のもとにあらわれ、お礼がしたいが家族はいるかと問います。蘇民将来が「妻と娘がいる」と答えると、茅でつくった輪を腰のあたりにつけておきなさい、と言います。その通りにしたところ、蘇民将来の家族をのぞき、みな疫病によって滅ぼされてしまいました。

その後、神様は自分がスサノオであること、そしてこれから疫病が流行るときは、蘇民将来の子孫である証に茅の輪を身につけていれば助けるだろうと教えました。

この物語からスサノオは疫病除けの神様となり、仏教の疫病除けの神様である牛頭天王《ごずてんのう》と同じ存在とみなされるようになりました。現在もスサノオとゆかりの深い神社では、「蘇民将来子孫也」と記された疫病除けのお神札《ふだ》が配られ、多くの神社で茅の輪くぐりを行っています。

スサノオは、都で疫病が流行ったときに祇《ぎ》園社《おんしゃ》（現在の八坂《やさか》神社・京都府京都市）に祀られました。祇園の八坂神社といえば祇園祭。疫病除けのためにはじまった、１０００年以上の歴史を持つお祭りです。

疫病除けの神様が夏バテを吹き飛ばす

❖茅の輪くぐり

新年を迎えてちょうど半年の節目、6月30日は夏越の祓（大《おお》祓《はらえ》）。各地の神社にしつらえられた、茅でつくった大きな輪、茅の輪をくぐることで、日々の生活のなかで身に着いた罪や穢れを祓う神事が行われます。

茅の輪をくぐるのは、疫病除けの神様の「茅の輪を身につけていれば助ける」という教えから。身を清めるだけでなく、来たる本格的な夏の暑さにも負けない精気を授かります。

茅の輪は8の字を描くように、左回り、右回り、左回りの順で3度くぐると良いとされていますが、神社によっては異なる場合もあります。

❖祇園祭

日本三大祭りに数えられる京都の祇園祭は、スサノオを祀る八坂神社の祭礼です。7月1日の吉符《きっぷ》入《いり》からはじまり、約1か月もの間、初夏の京都がにぎわいます。祇園祭最大の山場は、7月17日の山鉾巡行《やまほこじゅんこう》と神幸祭《しんこうさい》。鉾を立て、人形などで華やかに装飾した山鉾を町衆たちが曳き、八坂神社からは3基のお神輿《みこし》が担ぎ出されます。

祇園祭のはじまりは、869年（貞観11年）。疫病が大流行し、天変地異が相次いだ年でした。当時の人々は、非業の死を遂げた人間の霊である怨霊《おんりょう》が祟っているのだとおおいに恐れます。そこで宮中の庭園に日本中の国の数と同じ66本の鉾を立て、牛頭天王が祭神だった祇園社（現在の八坂神社）の神輿を祀り、怨霊を鎮めたのです。

　平安時代中期には年中行事となり、都の人々が親しむようになった祇園祭は、やがて全国に広まります。高温多湿の気候が原因となる疫病や夏バテを、疫病除けの神様の力で吹き飛ばそうと願ったのです。博多《はかた》祇園山《ぎおんやま》笠《かさ》（福岡県）や尾張津島天王祭《おわりつしまてんのうさい》（愛知県）をはじめ、多くの夏祭りのルーツは祇園祭。スサノオ（牛頭天王）のパワーが、日本中に元気を与えてくれます。

❖蘇民将来

「蘇民将来子孫也」「蘇民将来子孫家門」など、疫病除けの呪文を書いたお神札《ふだ》やお守りは、全国各地にあります。スサノオを祀る神社はもちろん、牛頭天王が仏教の神様であることから、お寺でも授けられます。

　三重県には、注連縄《しめなわ》に蘇民将来の木札をつけ飾る風習も。季節や宗教を超えて、疫病除けの神様は私たちの生活に寄り添ってきたのです。

盛夏

レジャーで向かう海、山、川。
大自然を前にすると、えもいわれぬ
ありがたさが込み上げてきます。
自然を敬い、畏れる気持ちは
神祭りの原点です。

カッパは
水の怖さを教えてくれる
イタズラ好きの神様

川や泉などにカッパが住んでいるという言い伝えは、全国にあります。頭に平たい皿があり、手足には水かき、背中に甲羅を背負った子供を思い描く人は多いでしょう。一緒に相撲を取る楽しい遊び仲間になることもあれば、人や馬を川に引きずり込もうとするイタズラ者にもなります。そのため妖怪と思われていますが、水の神様として祀られることも。夏の水遊びの楽しさと危険を教えてくれる神様でもあるのです。

神様のはなし

4

古事記と日本書紀

日本の神様たちの物語は、さまざまな形で伝えられています。なかでも代表的なものが8世紀に編纂された『古事記』と『日本書紀』です。

7世紀後半、朝廷は天皇を中心とした国をつくることを目指しました。そのなかでなぜ天皇家といわれる人々が天皇なのか、その周りの氏族とはどういう関係なのか、ということを改めて確認する必要が出てきたのでしょう。672年には、天皇の位を巡って、天智《てんち》天皇の皇子である大友皇子《おおとものおうじ》と天皇の弟である大海人皇子《おおあまのおうじ》が争う壬申《じんしん》の乱も起こりました。朝廷を二分する争いを経て即位した大海人皇子すなわち天武《てんむ》天皇にとって、国をまとめるためには自分たちの立場を示す物語が重要だと思われたのかもしれません。

天武天皇は、氏族たちが歴史をそれぞれに語ることで、間違いが生まれていることを憂い、歴史の決定版のようなものをつくることを計画しました。その手はじめに、いくつも伝わる伝承を稗田阿礼《ひえだのあれ》に学ばせることにします。しかし天皇は、その完成を見ずに亡くなってしまいました。時が移り、元明《げんめい》天皇が歴史書の完成を改めて太安万侶《おおのやすまろ》に命じます。彼が編纂を行い、７１２年（和銅5年）に完成させたのが『古事記』です。上中下の3巻あり、そのうちの上巻が神々の物語を伝えています。

『古事記』は、「ふることぶみ」ともいいます。「古いことを記したもの」という意味で〝どこの〟古いことなのかが示されていません。これは、説明をする必要がない人たちに向けた書物だった、つまり天皇の身近な人々に対して日本の歴史を語るものだった、と捉えることができます。また、「やま（山）」を「也麻」と記すなど、大和言葉を漢字で表記する部分があります。大和言葉が通じる人だけが読むということです。

これに対して『日本書紀』には、「日本」とついています。そして本文は、当時国際的に使われていた漢文です。つまり『日本書紀』は、「日本」という国がどのような成り立ちをしたのかを、日本以外の地域の人々にも向けて編纂したものなのでしょう。天武天皇の皇子である舎人親王《とねりしんのう》を責任者とする編纂チームが、７２０年（養老４年）に完成しました。全部で30巻あり、神々の物語は「巻一」、「巻二」に伝えられています。

近い時代に編纂された『古事記』と『日本書紀』。それぞれに役割があり、内容はまったく同じではありませんが、いずれもたくさんの神様の物語を伝え、私たちの国の成り立ちを教えてくれる貴重な資料です。

【山開き】

富士山の神様

霊峰・富士に祀られる女神は美しく、そして激しい気性の持ち主。貞操を証明するため、燃えさかる炎のなかで出産しました。

◎怒ると手がつけられない激情家

コノハナノサクヤヒメ

日本でもっとも高く美しい山。雄大な姿を見せる富士山の神様は、意外なことに女神です。名前はコノハナノサクヤヒメ。木の花、それも桜の花のように美しい女神で、オオヤマツミという山の神様の娘です。

あるとき天から、地上を治めるためにホノニニギという神様が降りてきました。そこにいたのがコノハナノサクヤヒメ。ホノニニギはあまりの美しさに一目惚れをしました。すぐに結婚を申し込み、2柱は結ばれます。

そして子供ができますが、ひどいことにホノニニギは、その子は我が子ではないのでは、と疑います。激怒したコノハナノサクヤヒメは、身の潔白を証明するため、「ホノニニギの子ではないなら、無事に生まれてくることはないでしょう」と言うと、産屋《うぶや》に火を放ち、燃えさかる炎のなかで、3柱の男の子を出産

しました。とても激しい性格の持ち主です。

美しい姿でたたずむ富士山。しかしその歴史を紐解くと、何度も大きな噴火を繰り返し、甚大な被害をもたらしてきました。普段はどっしりと優美にたたずむ大きな山が、突然に噴火する。その光景は、美しい女神が真っ赤な炎のなかで出産する神話のイメージと重なります。そこから富士山の神様は桜の花にたとえられるような美しさでありながら、怒るとなにをするかわからない激しさを持つコノハナノサクヤヒメになりました。

女神を祀る静岡県富士宮《ふじのみや》市の富士山本宮浅《ふじさんほんぐうせん》間大社《げんたいしゃ》は、ユネスコの世界文化遺産にもなっており、奥宮は富士山の頂上にあります。富士山へ行くときにはぜひ女神にご挨拶を。

富士山の神様を仰ぐ

❖山開き

日本一高く、日本一美しい霊山、富士山。毎年20～30万人もの登山客が、コノハナノサクヤヒメの暮らす富士山頂を目指します。山頂まで登り、富士山の神様にご挨拶できる期間は、1年のうち2か月あまり。そして、そのはじまりは山開きによって告げられます。

山開きが行われるのは、山梨県側の登山ルートが7月1日、静岡県側が7月10日。山梨県側では北口本宮《きたぐちほんぐう》冨士浅間《ふじせんげん》神社（富士吉田市）が、静岡県側では富士山本宮浅間大社が開山を祝い、事故のないよう祈りをささげます。

7月に入ると、富士山だけでなく、全国各地で山開きが行われます。山開きは夏の行楽シーズンを知らせるイベントと思われがちですが、もともとは山岳信仰に由来する神事です。

かつて富士山など、神聖視されている霊山には、山伏《やまぶし》や修行僧しか立ち入ることができませんでした。しかし、一般の人々も山に登り、神様を近くに感じたいと願うようになります。そこで夏の一定期間だけ、信仰行事としての登山のお許しを神様にもらう風習、山開きを行うようになったのです。

❖富士塚と富士見坂

江戸の人々にとって、富士山は大人気のパワースポットでした。江戸市中に集団登山をするための互助組織、富士講をつくり、その多さを「八百八講」と謳ったほどです。しかし、江戸と富士山頂の往復は、体力のない老人や女性には到底耐えられません。

そこで生まれたのが富士塚。富士山近辺から運んだ溶岩や土で築いた、ミニチュアの富士山です。ここに登れば、本家の富士山に登るのと同じご利益が得られるともいわれました。現在の東京にも、品川《しながわ》神社（品川区）や十条《じゅうじょう》富士《ふじ》神社（北区）の境内をはじめ、数多くの富士塚が残っています。

また、関東・東海地方には富士見坂が多くあります。都市開発の影響により、富士山を見ることができなくなった所も増えていますが、かつての人々が霊峰・富士を仰いだ思いは地名となり、しっかりと残っているのです。

❖吉田の火祭り

毎年8月26・27日に行われる、北口本宮富士浅間神社の吉田の火祭り（鎮火祭）は、富士山の山じまいの祭り。高さ3m、太さ90cmの大松明《おおたいまつ》が80本近く立ち並び燃えさかる様子は、まるで火の海です。コノハナノサクヤヒメの気性をあらわすかのような炎に、富士山が噴火しないようにという願いを込めています。

【海開き】

海の神様

国土を海に囲まれた私たちは、大海原を司る神様に守られながら生きています。家を出て行く娘婿にも手を差しのべる、心やさしき神様です。

◎果てしなく広い心を持つ海の支配者

ワタツミ

ぐるりと海で囲まれた日本には当然、海の神様がたくさんいます。海そのものを支配する神様もいれば、海上交通など船の安全を守る神様もいます。恵比寿（28、186ページ）のような漁業の神様もいます。

なかでも大物なのは、海を支配する神様であるワタツミです。ワタツミの「ワタ」とは海のこと。「ツ」は格助詞の「の」、「ミ」は神霊を意味します。つまり海の神霊ですね。そこからワタツミといえば、海そのものを意味する言葉としても使うようになりました。

ワタツミは、国土を生み出したイザナキとイザナミの間に生まれた神です。「海神《わたつみ》の宮《みや》」という、魚の鱗のような屋根がある海中の宮殿に住んでいます。あるとき、この宮殿にホオリという地上の神様が、なくした釣り針を探しにやって来ました。ホオリはワタツミの

娘・トヨタマビメと結婚し（94ページ）、しばらく宮殿で暮らしますが、釣り針のことを思い出し、ワタツミに相談します。するとワタツミは魚たちを集めて、鯛の喉に刺さった釣り針を見つけ出してくれました。さらに地上に帰るホオリには、潮を満ちさせたり、引かせたりできる不思議な玉を授けました。ホオリはその玉を使って、自分をいじめる兄を懲らしめ、従わせることに成功します。

このようにワタツミは魚たちなど海に住む生き物を支配し、潮の満ち引きを操る力も持っています。そして娘の夫のためにその力を用いることを惜しまない、まさに海のように広い心を持った神様です。

海の神様に親しむ

❖海開き

海水浴場を開き、海水浴を解禁することを「海開き」と呼びます。地域によって日にちはさまざま。本州ではおもに7月1日に行い、ワタツミをはじめとする海の神様に海難事故のないよう、安全を祈願する神事を催します。

四方を海に囲まれている日本ですが、海がレジャースポットとなったのは、意外なことに明治時代。それまでは、漁師や海《あ》女《ま》が海の恵みを受け取る場であるとともに、神事や有名な寺社にお参りする前に身を清める塩《しお》垢《ご》離《り》を行う禊《みそぎ》の場でした。やがて鎖国が解かれた明治時代に入ると、外国人が蒸し暑い日本の夏をしのぐために海水浴を行うようになり、やがて日本人にも広まっていったといわれています。

❖海の日

7月の第3月曜日は「海の日」。1996年（平成8年）からはじまった、比較的新しい国民の祝日で、「海の恩恵に感謝するとともに、海洋国日本の繁栄を願う」日（国民の祝日に関する法律より）です。

「海の日」という祝日があるのは、世界広しといえども日本だけ。海に囲まれた国ならではの祝日です。海への知識を深め、楽しみ、感謝する行事が各地で行われます。ワタツミのいる綿《わた》津《つ》見《み》神社（海神、和多都美など別表記あり）は全国にあります。夏休み前に、海のレジャーの無事を願うのもいいですね。

❖海幸彦《うみさちひこ》と山幸彦《やまさちひこ》

兄の釣り針をなくし、海神の宮を訪れるホオリの神話は、『海幸彦と山幸彦』という昔話としてもおなじみです。ちなみにホオリが山幸彦、兄のホデリが海幸彦。

その舞台は宮崎県とされ、県内には多くの伝承地があります。ホオリが地上に戻ったときに上陸した青島（宮崎県宮崎市）、潮の満ち引きを操る玉をご神体とする鹿野田《かのだ》神社（宮崎県西《さい》都《と》市）、ホオリの御陵と伝わる都《と》於《の》郡《こおり》城跡《じょうあと》（宮崎県西都市）。そして全国で唯一、ホオリの兄・ホデリを祭神とする潮《うしお》嶽《だけ》神社（宮崎県日南市）もあります。兄神がホオリに従うことを誓ったのは、同社近くの誓いの森でした。また、この地域では『海幸彦と山幸彦』のいわれに従い、縫い針の貸し借りを禁じる風習があるのだそうです。

【川開き】

川の神様

水資源に恵まれる日本ならではの表現に、「水に流す」があります。じつは、その流した感情やわだかまりをきれいにしてくれる、川の神様がいるのです。

◎罪も穢れもひと飲み

ハヤアキツヒコ・ハヤアキツヒメ

寄せては返す海の波とは違い、川の流れは一方向。戻ることはありません。そんな川の流れは、私たちの身に垢《あか》のように日々積み重なっていく穢《けが》れを取り去り、流し去ってくれると考えられてきました。その役割を引き受けてくれているのが、川の神様です。

川の神様は、ハヤアキツヒコとハヤアキツヒメという兄妹の神様で、国土を生み出したイザナキとイザナミの子です。2柱は「水戸《みなとの》神《かみ》」とも呼ばれ、河口や入江といった川と海の境目を担当しています。2柱は海と川とを分担して、水面に湧き立つ泡の神や、水面が凪《な》ぐ神、分水嶺《ぶんすいれい》の神など、水にまつわるいろいろな神々を生み出しました。

ハヤアキツヒメにはとても大事な役割があります。6月30日と12月31日には、私たちが日々知らぬ間に犯してしまった罪や穢れを取

り去り、清め、災いを避けるために、大祓《おおはらえ》という儀式を行います。特別な祝詞《のりと》が奏上され、それを聞いた天の神々、地上の神々が、罪穢れを清めてくれるのです。

　このとき国中の罪や穢れは川に流れ、ハヤアキツヒメの所に運ばれます。するとハヤアキツヒメは、水とともにカッカッと飲み込んでしまいます。最終的に罪穢れは地下の世界へと運ばれて行き、ようやくきれいになくなります。罪穢れをなくすために、ハヤアキツヒメはとても大きな役割を果たしていますね。しかもとても豪快です。

　日本人が物事を「水に流す」ことができるのは、受け止めてくれる女神様がいてくれるからこそなのです。

川の神様に無事を祈る

❖川開きと花火大会

レジャーとしての海水浴がなかった江戸時代、人々が夏の涼を求めて集うのはもっぱら川べりでした。川開きは、そういった夕涼みや舟遊びなどの解禁を告げる日。江戸市中を流れる隅《すみ》田川《だがわ》は、旧暦5月28日から8月28日までが納涼期間とされ、初日の両国の川開きは、大名や商人などの仕立てた多くの屋形船でにぎわいました。

1732年（享保17年）、日本は飢饉《ききん》に襲われ、西日本を中心に多くの餓死者が出ます。さらには疫病が流行し、日本全体が鬱々とした雰囲気に包まれていました。

時の将軍、徳川吉宗は翌年、両国の川開きにおいて水神祭を行います。川の神様に悪疫退散を願ったのです。飢饉と疫病での死者を慰めるために、花火も打ち上げました。これが、日本初の花火大会というのが定説になっています。

何事も豪快で粋なことを好む江戸っ子たちにとって、花火は久しぶりの明るい話題であり、希望の灯りとなりました。この年以降、両国の川開きにおける花火大会は年中行事となり、現在は隅田川花火大会として東京の夏を彩っています。

毎年、開催前に関係者は、ハヤアキツヒコとハヤアキツヒメの住む隅田川神社（東京都墨田区）に参詣し、花火大会の無事を祈願します。昔も今も、川の神様に江戸の夏の風物詩は守っていただいているのですね。

❖川裾祭

ハヤアキツヒコ・ハヤアキツヒメをはじめ、川の神様のお祭りの多くは6月30日、もしくは7月31日に行います。「川裾祭」「かわすそさん」「かわしも祭」「かわぞっさん」など、地域によって呼び名はさまざま。水難を除けるとともに、女性の陰部を「すそ」と呼ぶ習慣と結び付き、婦人病を治すご利益があるとされています。

❖大祓詞《おおはらえのことば》

ハヤアキツヒメが日本中の罪や穢れを飲み込んでいくさまは、神職が神前で唱える祝詞の一種、大祓詞で描かれています。

大祓詞はもともと1年の節目である6月30日と12月31日に、朝廷で行われていた罪穢れを祓う神事で唱えられていたもの。やがて唱えるたびにご利益を得られるとして、各地の神社で奏上するようになりました。

【塩分補給】

塩の神様

◎神様も頼ったアドバイザー

シオツチ

「敵に塩を送る」という言い方があります。敵が苦境に陥っているとき、その弱みにつけこまずに、苦境を救うことを意味します。戦国時代に越後《えちご》（新潟県）の上杉謙信が、宿敵である甲斐《かい》（山梨県）の武田信玄が塩を得られずに困っていたところに、塩が手に入るよう取りはからった故事に由来する言葉です。

汗をかきやすい夏には、上手に塩分を摂ることが大事。私たちの体を守る塩の神様は、進むべき道を教えて人生までも守ってくれます。

この言葉は、いかに塩が人間にとって大事なものであるかということも示しているといえるでしょう。塩は、摂り過ぎると体に良くありませんが、まったく摂取せずに生きていくことはできません。人間が生きていくために必要なものなのです。

そんな塩に関わる神様がシオツチです。シオツチは、山幸彦《やまさちひこ》（ホオリ）が兄から借りた釣り針を失って困って海辺で泣いているところに現れ、海神《わたつみ》の宮《みや》への行き方を詳しく教え、そこで海神の娘と出会うことを予言します。シオツチとは、「潮の霊」あるいは「潮の路」の意味で、海流を司る神と考えられるので、このようなアドバイスをしたのかもしれません。また、初代天皇の神武天皇となるカムヤマトイワレビコに今後の進むべき道を尋ねられると、東の方角に山に囲まれた良い土地があると教えます。そうしてカムヤマトイワレビコは日向《ひゅうが》（宮崎県）を離れ、大和（奈良県）へと向かうことになります。シオツチは、海流だけでなく何でも知っている物知りで予言の力のある神なのでしょう。

このシオツチは、のちの伝承では東北を平定することになったタケミカヅチとフツヌシを案内し、塩竈《しおがま》の地にやって来て製塩の技術を伝えたといわれています。現在の宮城県塩竈市にある鹽竈《しおがま》神社がシオツチを祀る神社として知られています。人間にとって不可欠な塩の神様ですが、学問のご利益もありそうです。

塩の神様の恵みで暑さ負けに打ち勝つ

❖藻塩焼神事

タケミカヅチとフツヌシ、そしてシオツチ。鹽竈神社は、東北を平定するためにやって来た3柱の神々を祀ります。創建年代は不明ですが、平安時代初期の文献に同社が登場することから、その起源は奈良時代にまで遡《さかのぼ》ると考えられています。中世以降は陸奥国《むつのくに》一宮として崇敬を集め、江戸時代には代々の仙台藩主が篤く信仰しました。

鹽竈神社の境外末社である御釜神社には、シオツチが教えた製塩法が伝わっています。毎年7月4〜6日にかけて行われる「藻塩焼神事」です。神事では海藻と海水を用いて濃度の高い塩水（鹹水《かんすい》）をつくり、これを煮詰めて藻塩を焼き上げます。もともとは土器を用いて煮詰めていましたが、シオツチが鉄製の竈《かまど》をもたらし、製塩の効率が格段に上がったのだとか。藻塩焼神事でできた塩は、延命長寿のお守りとして数量限定で頒布《はんぷ》されます。

❖四口の神釜

御釜神社周辺はかつて、「甫《ほ》出《で》の浜」と呼ばれる浜辺でした。シオツチの製塩法を使って、この地で塩づくりが行われていたとも伝えられています。

御釜神社の祭神は、鹽竈神社と同じくシオツチ。そしてご神体として祀られているのが、「四口の神釜」です。四口の神釜は直径１・４ｍほどの平たい４つの鉄釜で、シオツチが塩づくりに用いた釜に倣い、鎌倉時代と南北朝時代に作られたといわれています。神釜には海水がなみなみと湛《たた》えられており、これまで一度も干上がることも、あふれたこともないのだそうです。神釜は柵《さく》で囲われているものの、屋根はありません。さらには、世の中に変事が起こる際には水の色が変わるという伝承もあります。きっと、シオツチの予言能力が宿っているのでしょう。なんともミステリアスなご神体を拝観すれば、未知の情報をキャッチできるご利益が授かれるかもしれませんね。

❖しおがま

塩には、甘いものの味をより際立たせる力があります。スイカには塩が欠かせない、という方もいらっしゃるでしょう。近年では、甘味と塩味のハーモニーを楽しむ塩スイーツも人気です。

実は、鹽竈神社が鎮座する塩竈市には塩スイーツの元祖ともいえる和菓子があります。その名も「しおがま」。餅米を蒸し、乾燥させてから粉状にしたみじん粉に砂糖、塩、水などを加えて固めた干菓子で、中に餡《あん》こが入っているものも。誕生したのは今から３００年ほど前で、当時は風味付けにアマモ（海藻）が用いられていましたが、今は乾燥青ジソが爽やかに香ります。たっぷりの水分とともにいただけば、厳しい暑さでバテ気味の心身をほっこり癒やしてくれること請け合いです。

【七夕（七夕の節句）】

七夕の神様

七夕は、織り姫と彦星が年に1度だけ許された逢瀬の日。古くから、多くの人が2柱の恋を応援し、願い事を託してきました。

◎恋にかまけて仕事を忘れた夫婦神

織り姫・彦星

7月7日、七夕といえば織り姫と彦星です。織り姫はこと座のベガ、彦星はわし座のアルタイルという星で、天の川をはさんで向かい合っています。中国の説話では、「織女《しょくじょ》」と「牽牛《けんぎゅう》」と呼ばれています。

織女は天の神様の娘で、機織《はたお》りの上手いまじめな女神でした。毎日ひたすら機織りだけ

をする娘を、天の神は気の毒に思い、牽牛と結婚させます。すると織女は、うってかわって機織りをまったくしなくなってしまいました。怒った天の神は2柱を引き離し、天の川の対岸に別々に住まわせることにします。それでも愛し合う2柱のために、年に1度、7月7日だけは会うことを許しました。

この織女と牽牛の話は、大昔に日本に伝わりました。そして織女は「織り姫」、牽牛は男性の星という意味から「彦星」と呼ぶようになったのです。奈良時代に編まれた『万葉集』にも、2柱の逢瀬に思いを馳せる歌がたくさん残されています。

1年に1度しか会うチャンスのない2柱。無事に会ってほしいと願う気持ちは、宮中の儀式にもなっていきます。平安時代には、宮中の庭で天皇も二星会合《にせいかいごう》（2柱が会うこと）を願いました。この儀式を「乞巧奠《きこうでん》」といいます。やがて、幸せのお裾わけということでしょうか。2柱が無事に会えるように願うだけでなく、自分たちの願い事も叶えてくれるようにと祈るようになりました。

また、織女が機織り上手だったことから、女性たちは裁縫や手芸の上達を乞巧奠で願うようにもなります。このとき、願い事をカジノキの葉に書きました。このならわしが江戸時代になると庶民にも広がっていき、笹竹に五色《ごしき》の紙や糸を飾ったり、願い事を書いた短冊を吊るしたりして、軒下に置くようになります。今の七夕行事の様子と同じですね。

七夕の神様と夏を愉しむ

❖笹飾り

七夕は1年間に5つある節句のひとつです。そして七夕の節句にかかせないしつらいといえば、笹飾り。生命力のかたまりと考えられてきた笹竹に、願い事を書いた五色の短冊や吹き流しを下げて軒先に飾ります。五色の短冊の色は、青、赤、黄、白、黒。人が備えるべき5つの徳をあらわすともいわれています。

無事に織り姫と彦星が再会を果たした翌日には、七夕送り（流し）を行います。かつては海や川に笹飾りを流し、天の川まで流れ着くように願いましたが、現代ではなかなか難しいもの。心を込めて笹飾りを片付け、地域のルールに従って処分します。

❖初物とそうめん

七夕には、織り姫と彦星にちなんだ食べ物をいただきます。牽牛＝牛を曳く男、つまり農業を生業《なりわい》にしている彦星には、豊作を願い、この時季の初物を供えます。枝豆やゴーヤなどの野菜、さくらんぼといった果物もいいですね。裁縫上手の織り姫には、細長い糸に見立てたそうめんを。もともとは7月7日に亡くなった子供を慰めるお供え（140ページ）でしたが、時代が下るにつれ、その形から天の川と縫い糸になぞらえるようになりました。

❖朝顔市

7月は、全国で朝顔市が開催されます。朝顔市の代名詞といえば、東京・入谷《いりや》で7月6〜8日にかけて開かれる、入谷朝顔まつり。空前の朝顔ブームが起きた、江戸時代末期からつづくお祭りです。

奈良時代に日本に根付いた朝顔。人々は種を「牽牛子《けんごし》」と呼び、薬として珍重していました。やがて江戸時代に入ると「牽牛」が彦星をイメージさせるとともに、開花時期が七夕と重なることから、花が咲いた朝顔は2柱が出会えたしるしとして縁起物になります。さらに、入谷周辺に住んでいた植木職人たちがこぞって品種改良を行い、「変わり咲き」と呼ばれる変種をつくりだしたことが大評判となり、朝顔市を開くようになりました。

❖七夕祭り

杜の都、仙台の夏祭りといえば仙台七夕まつり。旧暦の七夕頃にあたる8月6〜8日にかけて行い、織り姫の織糸を象徴する色とりどりの吹き流しが街中を埋め尽くします。仙台藩祖、伊達正宗が豊作と技芸上達を願って七夕行事を奨励したのがはじまりとされ、戦争による中断を経て、１９４６年（昭和21年）に再開しました。現在では、風にそよぐ数千本の吹き流しに加え、花火大会や盆踊りなども行い、２００万人以上の人が訪れます。

【夏バテ】

そうめんの神様

◎スレンダーな夜更けの恋人

オオモノヌシ・大神穀主

夏バテ気味な日でも、不思議とそうめんなら食べられるもの。ツルッと喉ごしが良く、薬味をふんだんに入れたり、具材を工夫したりすれば、栄養のバランスも取れます。そんなそうめんの特徴は、なんといっても細いこと。面白いことに、そうめんの神様もスラリと細長い姿をしています。

夏バテの体にやさしく染みるそうめんは、神様とその子孫が生み出したパワーフード。細い麺には、生命力にあふれる神の霊威が宿っています。

ある所に大変美しい娘がいました。その娘のもとに、ひとりの若者が夜中に通って来るようになります。やがて愛し合うふたりの間に、子供ができました。

驚いたのは娘の両親です。理由を聞くと、娘は毎夜、素敵な男性が会いに来ると答えます。いったいどんな人が娘のもとに通っているのか、知ろうとするのが親心。男性がやって来たら、麻糸を通した針を着物の裾に刺しなさいと教えます。娘は言われた通りに、男

性の着物に針を刺しました。

男性が帰り、明るくなってから糸の行方を見てみると、なんと戸の鍵穴を通って外へ出ています。さらに糸を辿《たど》って行くと、大和《やまと》（奈良県）の三輪山《みわやま》にある神の社へと到着しました。夜にだけ姿を見せる素敵な男性の正体は、三輪山に住む神様だったのです。

神様の名前はオオモノヌシ。蛇の姿をしているともいわれ、鍵穴を通る糸のような細さにもなる神様です。

このオオモノヌシの子孫である大神穀主《おおみわのたねぬし》が、そうめんづくりをはじめたと伝わっています。有名な三輪そうめんの起源です。そうめんをつくる人々は、オオモノヌシと穀主をそうめんづくりの神様として信仰してきました。

そうめんの神様と夏を乗り切る

❖そうめん

　七夕の行事食がそうめんであることは紹介しましたが、これはもともと、古代中国の風習に由来しています。7月7日に亡くなった子供が疫病をもたらす悪鬼となってしまったため、命日に生前好んだ索餅《さくべい》を供え、ともに食べることで無病息災を願っていたのです。

　索餅は、小麦と米の粉を塩水で練り、細長く延ばして縄のようにない合わせたもの。そうめんのルーツであり、奈良時代に日本に伝わりました。大神穀主は三輪山の周辺で育てた小麦を原料に索餅をつくり、以降、索餅は同地域の名産となっていきます。宮中行事や儀式をまとめた平安時代の書物『延喜式《えんぎしき》』には、索餅が七夕の献上物であったことが記されています。

　鎌倉時代、禅宗とともに現代の製法に近い索麺《さくめん》が再伝来すると、名前も「そうめん」へと変化。江戸時代には、夏の食生活を支える食べ物として庶民にも広がりました。

❖三輪山

奈良盆地の東になだらかな円錐形の姿を見せる美しい山、三輪山（奈良県桜井市）。そうめんの神様・オオモノヌシの住まいであり、聖なる山としてあがめられてきました。

三輪山と三輪地方の名前は、オオモノヌシと恋に落ちた娘の話に由来しています。毎夜あらわれる男性の正体を知るために、彼の着物の裾に麻糸を通した針を刺したところ、翌朝娘の手元に残った麻糸は、糸巻き三輪（3周）分だったのです。

❖大神《おおみわ》神社

オオモノヌシが住む三輪山には、日本最古の神社のひとつである大神神社があります。大神神社には一般的な神社に備わる本殿が存在しません。三輪山そのものが神様の住むご神体であり、拝殿から、その奥に建つ三ツ鳥居を通して山全体を拝みます。自然そのものを畏れ、ありがたく思う、原初の神祭りの姿です。三ツ鳥居は3つの鳥居を組み合わせた独特の形をしており、「三輪鳥居」とも呼んでいます。

境内には「巳《み》の神杉《かみすぎ》」と称えられる大きな杉の木が。オオモノヌシの化身である白蛇が棲むことから名付けた神木で、参拝者は蛇の好物である卵とお神酒《みき》をお供えします。

【夕立】

雷の神様

日本の夏の風物詩、夕立につきものの雷は「神鳴り」。京都の空を駆け巡り、雷鳴をとどろかせるのは、不思議な出自を持つ雷の神様です。

◎京都生まれ、京都育ちの雷様

カモワケイカヅチ

ピカピカ、ゴロゴロ、近づいてくるかな、どこかに落ちるかな……。そんな怖い気持ちを抱かせる雷は、「神鳴り」、つまり天にいる雷の神様が起こすものと思われてきました。

また、雷の神様は雨と関わりが深いため、水の神様にもなります。そこから稲作、農業を守る神様にもなっていきました。稲妻や稲光という言葉にもあらわれていますね。

さて、日本にはタケミカヅチ（154ページ）のように戦いに強い神様や、イザナミの死体から生まれた恐ろしい雷の神様など、さまざまな雷の神様がいます。そのなかでも、昔から都の人に親しまれてきたのが、京都生まれの神様、上賀茂《かみがも》神社（賀茂別雷《かもわけいかづち》神社・京都府京都市）に住むカモワケイカヅチです。

カモワケイカヅチは不思議な生まれをしています。あるとき1柱の女神が川辺で遊んでいると、上流から真っ赤な矢が流れてきました。不思議に思って持ち帰り、寝床の側に置くと、なぜか身籠もってしまいました。そうして生まれた男の子がカモワケイカヅチです。

彼が成人すると、祖父にあたる神様は祝いの宴を催し、たくさんの神々を招待しました。そして孫に「お父さんだと思う神様にお酒を差し上げなさい」と言います。するとカモワケイカヅチは、お酒を上にささげ持つと屋根を打ち破って天に昇って行きました。それで父親は天にいる雷の神様だとわかったのです。

カモワケイカヅチは、上賀茂神社の北西にある神山《こうやま》に降り、祀られるようになりました。雷の神様ということで、今では電気に関係する産業の神様でもあります。

雷の神様に暮らしの安泰を願う

❖葵祭《あおいまつり》

５月の京都の風物詩は、上賀茂神社と下鴨《しもがも》神社（京都府京都市）の例大祭、葵祭です。１４００年以上もの歴史を誇り、平安貴族の間で「お祭り」といえば葵祭を指すほどの国家的行事でした。

祭りの起源は、６世紀中頃の古墳時代。大飢饉がつづく原因を占ったところ「賀茂の神々の祟り」というお告げが出ました。そこでカモワケイカヅチをはじめとする神々を鎮め、豊作を願う祭りを行うようになったのです。

葵祭のハイライトは、まるで平安絵巻を広げたかのように優雅で美しい王朝行列。参加する人々の衣冠をはじめ、牛や馬、車を葵の葉で飾ります。カモワケイカヅチが誕生した場所に葵の葉が生えていたという伝承から生まれたならわしで、「葵祭」の名称の由来ともなりました。そしてこの葵の葉は、雷除けのお守りでもあります。

総勢５００名の老若男女が平安装束に身を包み、牛車や御所車も連なる行列は京都御所から下鴨神社へ。さらには上賀茂神

社へと向かい、神事が行われます。

❖立砂《たてすな》

カモワケイカヅチの住む上賀茂神社は、広大な社域に40もの典雅な社殿が点在しています。二ノ鳥居の先にある細殿《ほそどの》の前には立砂が。カモワケイカヅチが降臨した神山をかたどった円錐形の砂山で、頂部には松葉を刺しています。立砂は神様が降りるための依《よ》り代《しろ》で、松葉は神様の目印となるのです。

災いが入り込んでくる方角に砂をまいて清める風習は、この立砂から生まれました。カモワケイカヅチが降り立った立砂は、同社でいただけます。

❖くわばらくわばら

「くわばら、くわばら」は雷除けのおまじない。「太宰府天《だざいふてん》満宮《まんぐう》（福岡県太宰府市）に祀られる菅原道真の領地、桑原（京都府京都市）には落雷がなかったため」や「和泉国《いずみのくに》（大阪府）の桑原にあった井戸に雷神を閉じ込めたところ、自分は桑の木が嫌いだから、『桑原』と唱えれば悪さはしないと約束するので逃がしたため」など起源には諸説あります。鬼のように角がある雷神像が定着すると、節分でまいた豆を雷除けとして食べるようにもなりました。

【お盆】
先祖の神様

古来、日本人は祖先を神様として敬ってきました。「ご先祖様」という言葉も、その敬意のあらわれ。我が身につながる先祖は神となり、日々の暮らしを見守ってくれます。

◎死者はみな神様に
祖霊

誰にでもご先祖様はいます。数えようと思っても数え切れないくらいの数のご先祖様がいて、今の私たちがいます。そのような遠いご先祖様、名前も知らないようなご先祖様たちは、「祖霊」と呼ばれる神様になります。

一般的には、亡くなって33年は個別に供養されますが、その後は多くのご先祖様とともに祖霊になるといいます。祖霊は山の神様になるため、お盆のあとはみなで山へ拝みに行くという地域もあります。ご先祖様たちをお祀りするお社、祖霊社を境内に置く神社もあります。

日本各地で死者にまつわる風習がつづいています。それらはみなに共通する祖先を敬う心が生み出したものなのです。

先祖の神様をもてなす

❖お盆（盂蘭盆会《うらぼんえ》）

先祖の神様である祖霊を迎え、もてなし、送り出す年中行事がお盆です。正式には「盂蘭盆会」や「精霊会《しょうりょうえ》」といいます。

本来の盂蘭盆会は仏教行事。自分の母が地獄に落ちて苦しんでいるのを悩んだ弟子に、教えを請われたお釈迦様が「7月15日に供養するように」と答え、その通りにしたところ母親が救われたという伝承が起源です。

この風習が伝わり、さらに祖先の神様を祀る古来の祖霊祭と混ざり合うことで、日本独自のお盆が生まれました。

かつては7月13〜16日頃をお盆としていましたが、現在は月遅れの8月13〜16日頃に行う地域が多くなっています。

❖迎え火

お盆の入り（7月13日もしくは8月13日）の夕方には、門前や玄関口で麻の茎を乾燥させた

麻幹《おがら》を燃やします。祖霊が迷わずに帰って来るための目印、迎え火です。また、玄関先に提灯《ちょうちん》を掲げることで、迎え火の代わりとする地域もあります。

❖盆棚

迎え火によって無事に家に帰って来た祖先の神様たちは「盆棚（精霊棚）」で過ごすため、お盆の入りの朝、仏壇の前や縁側などにしつらえます。地域によって違いはあるものの、小机や台に真菰《まこも》で編んだゴザを敷き、位牌を祀ります。お供えするのは桔梗《ききょう》や萩、ホオズキなどの盆花、初物の野菜や果物、キュウリの馬とナスの牛（次項参照）などです。ご飯やお茶、水は毎日新しいものを供え、もてなしの心をあらわします。

祖霊は盆花に乗って帰って来るとも考えられており、かつては「盆花迎え」と称して、野山に花を摘みに行く行事もありました。現代の盆花迎えの行き先はもっぱら花屋さん。人々の生活スタイルとともに、お盆行事も少しずつ変化していきます。

❖キュウリの馬とナスの牛

キュウリとナスに麻幹や割り箸を刺して、馬と牛に見立てます。これは祖霊の乗り物。家に戻るときは足の速いキュウリの馬に、旅立つときはのそりのそりと進むナスの牛に乗って帰るのです。

❖盆踊り

お盆の時期になると、各地で盆踊りが行われます。観光客が何十万人と訪れる一大イベントから、地域の集会所で開くアットホームなものまで、規模はさまざま。もともとは我が家、我が町に帰って来た祖霊とともに踊り、慰め、送るための行事で、ご先祖様への感謝や生きる喜びも表現しています。

踊りを合わせる民謡や甚句《じんく》、太鼓などの鳴り物も多種多様。徳島県の阿波《あわ》踊りなどに代表される列を組んで練り歩くものと、岐阜県の郡上《ぐじょう》おどりに代表される櫓《やぐら》を中心に輪になって踊るものに大別されます。

❖送り火

お盆の最終日は、ともに過ごした先祖の神様を送り火によって送り出します。個人では迎え火同様、玄関先で麻幹を燃やします。地域全体で大きなかがり火を焚き、送り火とする風習もあり、8月16日に京都で行われる五山《ござん》送り火もそのひとつ。

また、灯籠《とうろう》を小さな船に浮かべ川や海に流す地域も。「精霊《しょうろう》流し」「灯籠流し」などの呼び名があり、夕闇のなかを流れて行く祖霊が乗った灯籠を見送ります。

秋

秋は自然の恵みと
実りに感謝する季節です。
古くから日本人は、
農作物の収穫を通して
神様と出会い、
祈りをささげてきました。

お祭りにかかせない お神輿《みこし》は 神様の乗り物

お祭りといえばお神輿。お神輿がやって来ると、普段見慣れた町もわくわくする空間になりますね。

お神輿には、神様が乗っています。いつもは神社のなかにいる神様が、外に出て私たちの町にやって来てくれるのです。お神輿を担ぐとき、「ワッショイ、ワッショイ」という威勢のいい掛け声をかけたり、大きくお神輿を揺らしたりします。これは神様の力をパワーアップさせるため。神様も応援されると、張り切ってくれるのです。

神様のはなし

5

日本でもっとも祀られている「八幡神」

全国に約8万社あるといわれる神社。そのなかでも、もっとも多くの神社に祀られている神様。それが八幡神《はちまんしん》です。大分県宇佐市に鎮まる宇佐神宮《うさじんぐう》が信仰発祥の地で、九州には古くから数多くの八幡神社があります。

その八幡神への信仰が九州から都へと広まったのは、奈良時代の東大寺大仏建立の頃でした。この国家的な大事業に、八幡神が助力をしようと託宣を下します。この功績に対し、朝廷は八幡神に「大菩薩《だいぼさつ》」という称号を贈りました。大仏の建立を助け、神様なのに菩薩と称される。八幡神は神仏習合の色合いの強い神様です。そのため木像や絵では八幡神を僧侶の姿で表現することが多くありました。お坊さんの姿をした神様と思われていたんですね。

この八幡神は、第15代の応神《おうじん》天皇のこととされています。なぜ応神天皇が「八幡」と呼ばれる神様になっていったのか、「八幡」の語源はなんなのかはわかっていません。八幡神は、謎の多い神様でもあります。ですが、大仏の建立を助けたり、奈良時代に僧の道《どう》鏡《きょう》が天皇の位に就こうとしたのを託宣によって阻止したりといった活躍により、皇室の守り神として、太陽の神様・アマテラスと同様にとても大事な神様になりました。アマテラスを祀る伊勢神宮《いせじんぐう》（三重県伊勢市）、そして9世紀に京都に創建され、応神天皇を祀る石《いわ》清水八幡宮《しみずはちまんぐう》（京都府八幡《やわた》市）は、天皇家の祖先を祀るとても大事な場、ということで「二《に》所《しょ》の宗廟《そうびょう》」と呼びます。

　天皇家の祖先神である八幡神ですが、鎌倉幕府を開いた源頼朝の祖先、源義家が石清水八幡宮で元服し、自らを「八幡太郎」と名乗ったことから、源氏の守り神にもなっていきます。源平の合戦ののち、頼朝が幕府を開くにあたり、鎌倉へと八幡神を招き、鶴岡八幡宮《つるがおかはちまんぐう》（神奈川県鎌倉市）を築いたことはよく知られています。徳川幕府を開いた徳川家康も源氏の子孫と名乗り、篤く八幡神を信仰していました。

　こういった背景から、多くの武士たちが戦神として八幡神を崇拝するようになり、八幡信仰は全国へと広まっていったのです。そうして日本でいちばん多くの神社でお祀りされている神様となりました。

　武士がいなくなった今でも、八幡神をお祀りする八幡宮、八幡神社には、スポーツなどでの勝利を願う人が多く訪れています。

【防災の日】

地震の神様

大地震が起きたのは、神様が出張していたから、もしくは酔っ払っていたからと結論づけた江戸の人々。神様の不在やうっかりも受け止める、おおらかな日本人の心が垣間見えます。

◎剛腕うなる交渉人

タケミカヅチ

日本は地震の多い国。今も昔も深刻な被害を及ぼすこの天災を、かつての人々は地中に住むナマズが起こしていると考えていました。なんとかナマズに動かないでいてほしいという願いから、タケミカヅチがナマズを要石《かなめいし》で押さえているという話が生まれます。

なぜならタケミカヅチはとても強い戦いの神様。剣の神様でもあります。地上の国をアマテラスの子孫に譲るように交渉するため、天から降りて来たときには、剣の上にあぐらをかいて座るという、びっくりするような登場で先方を圧倒しました。無事に交渉をまとめ、現在は茨城県鹿嶋市の鹿島神宮《かしまじんぐう》にいます。要石も鹿島神宮の境内にあり、ナマズを押さえていると伝えられています。

1855年（安政2年）10月、江戸を大地震が襲いました。たくさんの家屋が倒れ、火

事も発生し、江戸城の石垣も崩れました。犠牲者は7000人とも1万人ともいわれます。

人々は思います。要石を神様が押さえてくれているはずなのに、どうしてナマズが大暴れしたのだろうと。ふと気がつけば、今は神《かん》無月《なづき》。つまり、地震の神様が出雲《いずも》（島根県）で開かれる神々の会議に出張している時期でした。要石を押さえる神様がいない時期だったから、大きな地震が起こったということですね。じつは恵比寿に留守番を頼んでいたのに、酒を飲んで酔っ払っていたとも囁《ささや》かれています。普段はタケミカヅチに地震が起こらないようにお願いしますが、10月だけは恵比寿にお酒を控えるようにとお願いしたほうが良さそうですね。

地震の神様に地震除けを願う

❖要石

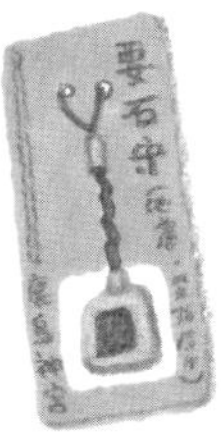

「地震・雷・火事・親父」。古くから言い継がれてきた、恐ろしいものの順番です。1度起きてしまえば、人間の力ではどうしようもない地震を日本人がいかに恐れてきたかがわかります。「日本の土中には巨大なナマズが横たわっていて、暴れると大地震が起きる」という言い伝えは、江戸時代初期に広まったと考えられています。それとともに、地震の原因となる大ナマズの頭は鹿島神宮の神域の下にあり、タケミカヅチが要石によって貫き押さえている、といわれてきました。

人々は地震が起こると「ゆるぐとも　よもや抜けじの　要石　鹿島の神のあらんかぎりは（地震で少しは揺れたとしても、鹿島の神様がいらっしゃるかぎり要石が抜けることはない）」という歌を唱え、被害が大きくならないよう祈ってきました。

要石は、現在も鹿島神宮の境内に祀られ、多くの人が訪れます。地上に出ている部分は、直径20cmほど。かつて徳川光圀《みつくに》が地下部分を確かめようと周囲を掘らせたところ、翌朝にはもとに戻ってしまうことが7日7晩つづき、ついには調査を諦めたとも伝えられています。

タケミカヅチの力を宿した要石をかたどった地震・災害除けの要《かなめ》石《いし》守《まもり》は同社で授与されています。

❖鯰《なまず》絵《え》

1855年（安政2年）に江戸を襲った大地震は、マグニチュード6以上と推定され、民家の倒壊は1万4000戸に及んだとされています。余震がつづくなか、人々がよりどころとしたのは地震の神様でした。大ナマズを懲らしめるタケミカヅチの姿を描いた多色刷りの木版画である錦絵が、地震除けのお守りとして大流行したのです。

人々が「鯰絵」と呼んだ錦絵は、毎日のように新しい絵柄が出回りました。なかには地震の被害によって浮き彫りになった貧富の差などの世相を風刺するものも。200種類近くの鯰絵が現存し、江戸の人々がどのように未《み》曾《ぞ》有《う》の震災、そして神様と向き合っていたのかがわかる、貴重な資料となっています。

【敬老の日（重陽の節句）】

老人の神様

9月9日、重陽《ちょうよう》の節句は
菊の花に不老長寿の願いを込める日です。
八百万《やおよろず》の神にももちろん、長寿の神様がいます。
３００年近く生きた、日本初の大臣です。

◎真実一路の忠臣

武内宿祢

いつまでも若々しく元気で長生きしたいというのは、多くの人の願いです。そんな願いを叶え、３００歳近くまで生きたと伝えられるのが武内宿祢《たけうちのすくね》。大変な長生きをした老人ということで、延命長寿の象徴になっています。

日本で最初に「大臣」になったと伝わる伝説上の人物で、景行《けいこう》天皇、成務《せいむ》天皇、仲哀《ちゅうあい》天皇、応神天皇、仁徳《にんとく》天皇と２００年以上にわたって5代の天皇に仕えました。特に夫の仲哀天皇を失った神功《じんぐう》皇后（90ページ）の手助けをし、その御子《みこ》の応神天皇が即位するため、戦いのときにも大変活躍しました。主君によく仕える理想的な家臣でもあります。

そんな武内宿祢もピンチに陥ったことがあります。彼の弟が応神天皇に対し、宿祢が天下を狙っていると偽りの申し出をしたのです。

そこで応神天皇は宿祢を殺そうとしますが、

宿祢は自分の無実を訴えます。天皇は宿祢とその弟のどちらが真実を述べているのかを知るため、熱湯に手を入れさせ、火傷《やけど》をするかどうかでどちらが正しいかを知る深湯《たち》という裁判を行いました。深湯は神様の意見を知るために行われるもので、手がただれなければ正しく、ただれた方が悪いとされます。

この難関を宿祢は見事にくぐり抜け、その後も天皇に仕えつづけることになりました。長生きをすれば、それだけつらいこともたくさんあったのでしょうね。

また、疑われるという苦しい思いをしながらも、一途に応神天皇、つまり八幡神に仕えたということで、全国各地の八幡神社の境内に武内宿祢を祀る高良社《こうらしゃ》がつくられています。

老人の神様の長寿にあやかる

❖長寿のご利益

応神天皇を助け、懸命に尽くした武内宿祢は、今もなお主君の側で暮らしています。応神天皇を祀る各地の八幡神社の境内にある高良社や武内社は、武内宿祢の住まいなのです。300歳近くまで長生きした神様にあやかろうと、延命長寿を願う人々がお参りに訪れます。

武内宿祢が本殿に祀られているのは、宇倍《うべ》神社（鳥取県鳥取市）、高良大社《こうらたいしゃ》（福岡県久留米市）氣比神宮《けひじんぐう》（福井県敦賀市）など。こちらも長生きや病気除けのご利益を求めて、参拝客があとを絶ちません。

また、1足の双履《ぞうり》（靴）を残してこの世を去った、という武内宿祢の伝承が残る宇倍神社の境内には、「双履石《そうりせき》」と呼ばれる霊石が残されています。

折しも9月の第3月曜日は、敬老の日。「多年にわたり社会につくしてきた老人を敬愛し、

長寿を祝う」（国民の祝日に関する法律より）日です。親孝行、祖父母孝行に、老人の神様を訪ねるいい機会です。

❖重陽の節句

武内宿祢のように、いつまでも健やかに暮らせるよう、長寿を願う節句があります。9月9日に行う重陽の節句です。「重陽」とは、古くから中国で縁起が良いとされてきた陽数（奇数）のうち、もっとも大きい「9」が重なるという意味で、とてもおめでたい日とされてきました。中国では、この日に野山で食事をしたり、菊の花を浮かべた菊《きく》酒《ざけ》を飲んだりして長生きを願いました。仙人の住む所に咲くとされる菊を、命を長らえる薬草として珍重していたのです。

日本に重陽の節句が伝えられたのは、奈良時代。平安時代初期からは、宮中行事となりました。やはり菊の花を愛で、菊酒を飲みながら1日を過ごしたことが記録に残っています。

江戸時代には幕府の定める重要な年中行事、五節句のひとつとなり、武士や庶民の間でも菊酒を飲み、長生きと健康を願うならわしが定着しました。

【台風】

風の神様

風の強弱は、神様の息づかい次第。伊勢神宮には、暴風によって国を守った風の神様がいらっしゃいます。

◎ピンチを吹き飛ばす守護神

シナツヒコ

海に囲まれ、農業が盛んだった私たちの国では、風はとても重要な関心事。風の神様をお祀りする神社も古くからあります。

代表的な風の神様にはシナツヒコがいます。「シ」は風や息、「ナ」は長いことを意味します。息の長い神様ということです。イザナキとイザナミが国々を生み出したあと、イザナキが、「私たちの国は、朝霧ばかりで、薫りに満ちている」と言って吹き払おうとした息が風の神シナツヒコになりました。

シナツヒコは、歴史的な活躍をしています。時は鎌倉時代。皇帝フビライ・ハンの命によって、2度にわたりモンゴル帝国（元）軍が日本に攻めてきたモンゴル襲来（元寇《げんこう》）です。

1274年（文永11年）10月、モンゴル帝国軍は博多湾（福岡県）に上陸。日本は苦戦します。そんなときに大きな風が吹き荒

れ、モンゴル帝国の船は壊滅的な打撃を受けて帰って行きました。１２８１年（弘安４年）の７月に再び攻めてきたときにも暴風が吹き荒れ、敵軍はほぼ全滅しました。

　モンゴル帝国軍の敗北に風が関係しているのか、はっきりとはわかりません。しかし、人々は風の神様が撃退してくれたと信じてきました。そしてその風は、伊勢（三重県）から吹いてくるものでした。伊勢神宮の内宮《ないくう》にはシナツヒコを祀る風日祈宮《かざひのみのみや》があります。シナツヒコは日本をピンチから救った神様として、感謝をささげられてきたのです。

　時に追い風となって、私たちを前進させてくれる風。ここで頑張らないと、というときにも風の神様は助けてくれるでしょう。

風の神様を鎮める

❖二百十日《にひゃくとおか》

「二百十日」は立春から数えて210日目。新暦では9月1日頃になります。この時期は台風が発生し、強風が吹くことが多く、昔から農家は厄日としてきました。二百十日の10日後にあたる「二百二十日」も同様です。ちょうど稲が開花するタイミングと重なるため、強風や大雨が米の不作をもたらす場合が多かったのです。

そこで人々は、二百十日の頃に風の神様が荒ぶることのないようお祭りを行ってきました。有名なものでは彌彦《やひこ》神社（新潟県西蒲原郡《にしかんばらぐん》弥彦村）の風神祭、伊和《いわ》神社（兵庫県宍粟《しそう》市）の風《ふう》鎮祭《ちんさい》（油万燈祭《あぶらまんどうさい》）があります。

また、富山県富山市で開かれる「おわら風の盆」も風の神様を鎮め、作物の無事を祈る行事です。9月1～3日の夜、胡《こ》弓《きゅう》と三味線の調べに合わせて地元の人々が踊り歩きます。見物客は3日間で20万人以上。古い町並みにならぶ雪洞《ぼんぼり》、浴衣と菅《すげ》笠《がさ》に身を包む踊り手、しなやかで優雅な踊りが、風の神様だけでなく多くの人を魅了します。

❖風の又三郎

東日本では、古くから風の神様としてカゼノサブローサマと

いう存在が語られています。また、新潟県の粟島にも風を司る風の三郎様の祠《ほこら》があります。これらの神様をモチーフとした物語が『風の又三郎』。日本を代表する童話作家、宮沢賢治の作品です。

強風の吹く9月1日の朝、とある村の小学校に転校してきたひとりの男の子。彼のミステリアスな雰囲気に村の子供たちは「風の神様の子ではないか」といぶかしがります。不思議な出来事を体験しながら、交流を深める子供たちと少年。しかし9月12日、まるで風のように少年はみなの前から消えてしまう、というあらすじです。

風の又三郎が転校してきた9月1日は二百十日。だからこそ子供たちは、突然の来訪者を風の神様の子だと考えたのです。

❖風神《かざかみ》神社

岐阜県中津川市に鎮まる風神神社は、その名の通り、風の神様を祀ります。拝殿の奥にある風穴《ふうけつ》が神様の住処であり、ご神体です。1959年(昭和34年)に上陸した伊勢湾台風の折、同神社の参拝者は大きな被害を受けなかったとご利益が語り継がれています。8月31日の例大祭では、普段は閉じている風穴への扉を開き、その年の台風を占う神事を行います。

【月見】

月の神様

夜の世界を支配するのは、
太陽の神様・アマテラスの弟神。
ちょっとした姉弟げんかで
「昼」と「夜」は生まれました。

◎生と死、神秘に満ちた夜の貴公子

ツクヨミ

月の神様はツクヨミといいます。イザナキが体を清めているとき、右目から生まれた神様です。このとき左目からはアマテラス、鼻からはスサノオが生まれました。イザナキは、貴い子を得たと大変喜び、アマテラスには天の高天原《たかまのはら》を、ツクヨミには夜の国を、スサノオには海原を治めるよう命じました。

今、太陽の神様・アマテラスと月の神様・ツクヨミは顔を合わせることがありません。なぜかというと、ツクヨミがアマテラスに嫌われてしまったからです。

アマテラスはあるときツクヨミに、地上にいるウケモチという神様の様子を見てくるよう頼みます。行ってみると、ウケモチは不思議なことに口からたくさんの食べ物を出してもてなそうとしました。しかしこの様子を見たツクヨミは、「なんて汚いことをするのか」と激怒し、ウケモチを殺してしまいます。

そのことをアマテラスに報告すると、「なんてひどいことをするのか」と今度はツクヨミが怒られました。アマテラスの怒りは大変なもの。「もう2度と顔を見たくない」とツクヨミに告げます。このために月の神様であるツクヨミと太陽の神様であるアマテラスは、同じ天にいながらも、離れて暮らすことになったということです。

どうやら昔から、月は満ち欠けを繰り返すため、死と再生に結び付いたイメージが持たれていたようです。月には不死の薬があるとか、若返りの水があると信じられてきました。たとえば『竹取物語』のかぐや姫。姫が月へ帰るとき、帝に贈った不死の薬は、月からやって来た天人が持ってきたものでした。

十五夜は月を見上げ、月の神様に少しばかりの若返りをお願いしてみましょう。

月の神様とともに過ごす

❖旧暦

古来、日本人はツクヨミの司る月の満ち欠けと、アマテラスの司る太陽の動きをものさしに月日を把握していました。新月の日を朔日《ついたち》とし、満月を経て新月に戻るまでを1か月とする太陰暦と、地球が太陽の周りを1周する期間を1年とする太陽暦とを組み合わせた、太陰太陽暦《たいいんたいようれき》、いわゆる旧暦です。

1873年（明治6年）に現行のグレゴリオ暦が採用されるまで、人々は月の満ち欠けで日にちを把握していました。「今日は何日かな？」と思えば、夜空を見上げればいいのです。三日月、上弦《じょうげん》の月、十六夜《いざよい》、寝待《ねまち》月《づき》……。自然と寄り添う豊かな日本人の感性が、さまざまな月の呼び名を生み出しました。

現在でも、各節句やお盆、神事などを旧暦に照らし合わせて行う地域も少なくありません。月光のようにさりげなく、しかし、しっかりと、ツクヨミは私たちの側で暮らしているのです。

❖中秋《ちゅうしゅう》の名月《めいげつ》

旧暦では毎月15日が満月となります。そして旧暦8月15日の月は、1年でもっとも明るく美しいとされてきました。この日の夜、月にお供えものをし、観賞する行事が中秋の名月です。

「十五夜《じゅうごや》」や「お月見」の名前でもおなじみですね。旧暦の秋（7月、8月、9月）の真ん中にあたることから「中秋」の名前がついています。

月見の風習は中国から伝わり、平安時代には宮中で華やかな宴を開くようになりました。次第に武士や農民にも広がり、月に秋の作物を供え、実りに感謝する古来の収穫祭と結び付いていきます。

月にお供えするのは、ススキや果物、月をかたどった月見団子。この頃に盛りを迎える里芋もお供えにすることから、「芋《いも》名月《めいげつ》」とも呼ばれます。

❖十三夜《じゅうさんや》

中秋の名月から約1か月後、旧暦9月13日の夜は十三夜。十五夜と同様、月を愛でる日です。十五夜の「芋名月」に対し、十三夜は「豆名月《まめめいげつ》」や「栗名《くりめい》月《げつ》」とも呼ばれ、お供えは豆や栗へと変わります。

中秋の名月を楽しんだ場合は、十三夜の月も愛でます。どちらか一方だけの月見、「片月見《かたつきみ》」は縁起が悪いとされてきました。この2日間は、他人の畑の作物を盗んでもよい、子供はお供えを取ってもよい、といった風習が各地にあります。

【動物愛護週間】

ペットの神様

動物を信頼し愛するのは、人間も神様も一緒。それに応えようとする動物のひたむきな姿は神話にも描かれ、のちに「おいぬ様」と呼ばれて親しまれています。

◎人に寄り添うけものの元祖

大口真神

ペットを家族の一員と考えることが当たり前になってきました。少子化が進んだこともその大きな理由のひとつですが、それだけでなく、ペットが家の中で家族と一緒に過ごすようになったということもあるようです。犬であれば、かつては番犬として家の外で飼われることが当たり前でしたが、今は家の中が主流です。朝から晩まで側にいるようになれば、子供やきょうだいと同じような大切な存在になるのも自然な流れでしょう。

もともと日本の神様たちも動物を大切にしてきました。オオクニヌシは、傷ついた因幡《いなば》のシロウサギを治療します。アマテラスは、高天原《たかまのはら》で馬を飼っていたようで、スサノオにその馬を殺されたことは、彼女が天《あま》の石屋《いわや》に閉じこもる原因のひとつになっています。

また、役に立とうとする動物もいたようです。『日本書紀』によると、ヤマトタケルが信濃国《しなののくに》（長野県）の山中で、道に迷ってしまったところ、どこからともなく白い犬があらわれ、一行を案内してくれたといいます。ヤマトタケルたちは、この犬のおかげで無事に美濃国《みののくに》（岐阜県）へ抜けることができました。この白い犬は、のちに「大口真神《おおくちまかみ》」だとされるようになります。

「大口真神」とは、他の資料では、人を食らう恐ろしいオオカミとされるのですが、武州御岳山（東京都青梅《おうめ》市）では、ヤマトタケルを案内した白い犬のことだとされ、お札にも描かれ、狛犬にもなっています。恐ろしいオオカミですが、作物を食い荒らすネズミなどを駆除する役に立つ動物でもあります。そんな側面が、大口真神を神の眷属《けんぞく》にしたのかもしれません。

今では、ペットの守り神として知られており、武蔵御嶽《むさしみたけ》神社には愛犬とともにお参りする人が数多くいます。

ペットの神様に「家族」の健康を願う

❖武蔵御嶽神社

東京都青梅市にそびえる御岳山は、古くから修験道の霊場として信仰されてきました。山梨県に位置する金峰山（別名・甲州御岳山）に対して、武州御岳山とも称されます。

標高９２９ｍの山頂には、武蔵御嶽神社が佇《たたず》んでいます。本殿には御岳山の神である櫛真智《くしまちの》命《みこと》をはじめ、ヤマトタケルなど5柱の神々が鎮座。大口真神が祀られているのは、玉垣内の最奥部にある大口真神社です。お社の両脇には、きりりとした表情で魔を睨《にら》む狛犬が陣取っています。

同社の大口真神は古来、「おいぬ様」の愛称でも慕われてきました。そのため愛犬とともに参拝する人も多く、愛犬の健康や長寿を祈願する特別祈禱《きとう》も人気を呼んでいます。また、大口真神社の扉を開き神事を行う大口真神社祭（1月3日・5月15日・9月29日）にのみ授与される特別な御朱印も、愛好家の間で注目を集めています。

御岳山のケーブルカーは大型犬も乗車可能。山中には愛犬と一緒に歩けるトレッキングコースも整備されており、ドッグフレンドリーな行楽地となっています。

❖大口真神切札

ヤマトタケルの窮地を救った大口真神は、人間やペットに降りかかる災いも退治してくれます。武蔵御嶽神社の授与品である「大口真神切札」は、盗難除けや魔除けのご利益で知られる護符です。

大口真神切札に描かれている大口真神は、おとなしく「お座り」をしていますが、よく見ると口元からは牙がのぞき、4本足には鋭い爪が。いざというときには番犬のごとく降りかかる災厄を追い払い、一家全体を守ってくれるのです。また、作物を荒らすイノシシやウサギといった害獣除けのお守りとして、畑の近くに掲げるならわしもあります。

❖狛狼

古くからオオカミは、超自然的な力をもつ獣として崇められてきました。オオカミの語源は「大神」であり、かつては「真神」もオオカミの別称でした。神聖な動物であるオオカミは、山深い地方におわす神様のお使いとしても伝えられています。武蔵御嶽神社をはじめ、三峯《みつみね》神社（埼玉県秩父《ちちぶ》市）や山津見《やまつみ》神社（福島県相馬郡飯舘《いいたて》村）などが名高く、それぞれの神社の境内には個性豊かな狛狼が建っています。

1905（明治38）年に捕獲されて以降、国内におけるオオカミの目撃情報はありません。そのため本州や四国、九州に生息していたニホンオオカミは絶滅したと考えられています。けれど、神様の眷属として働くオオカミたちは今も健在。各地の狛狼たちに、ペットを含む一家の繁栄を願いましょう。

【新米】

稲の神様

日本人の食を支える米を地上にもたらしたのは、太陽の神様・アマテラスの孫でした。「にぎにぎしい」の神名そのままに、稲穂が実りの時を迎えます。

◎祖母の寵愛を受ける「天孫降臨」の主人公

ホノニニギ

　秋になり、太陽、風、雨などたくさんの神様たちの恵みを受けて育った稲が、田んぼにたわわに実ります。一面金色の稲穂がそよぐ田んぼの様子は、まさに「にぎやか」。稲の神様はホノニニギ。その名も稲穂がにぎにぎしく実っているさまをあらわしています。

　ホノニニギは、太陽の神様であるアマテラスの孫。もともとは父親であるオシホミミという神様が地上に降りることになっていましたが、その準備をしている間にホノニニギが生まれたため、父の代わりに下ることになりました。

　幼い孫が地上に降りることになり、アマテラスも心配だったのでしょう。お供の者をつけ、いろいろと世話を焼きます。このときにアマテラスは、高天原で育てていた稲穂もホノニニギに渡しました。こうして地上に稲穂がもたらされたのです。私たちが毎日のように食べているお米は、神様の親心のおかげということですね。

また、日向国《ひゅうがのくに》（宮崎県）の伝承によると、ホノニニギが地上の高千穂《たかちほ》に降り立ったとき、真っ暗で昼と夜の区別もありませんでした。どうしようかと思っていると、土蜘蛛《つちぐも》という土地の者があらわれ、「稲穂を抜いて籾《もみ》とし、周囲に投げ散らせば、きっと光が差すでしょう」と教えます。言われた通りにしてみたところ空が明るくなり、月も輝き出しました。

稲の神様が私たちの世界を大きく変えてくれたのです。

稲の神様と実りを喜ぶ

❖秋祭り

　稲が実りを迎える頃になると、全国各地で収穫を神様に感謝するお祭りを催します。神様とは、稲の神様、田の神様、地域の神様とさまざま。稲を育み、実りをもたらしてくれたすべての神様に感謝をささげるのです。神社の年間行事のなかでもっとも大切とされる例大祭（例祭）も、この時期に多く行います。

　普段は神社で暮らす神様も、お祭りの日にはお神輿や山車《だし》に乗って境内の外へとお出かけになります。集落を巡り、そこで暮らす人々とおおいに親しむのです。

　神様はにぎやかなことが大好きなため、田楽《でんがく》や能、神楽などの神事も発達しました。

❖神嘗祭《かんなめさい》

　アマテラスがホノニニギに授けた稲穂は地上にしっかりと根付き、日本人の主食となりました。この稲に感謝し、その年の初穂《はつほ》をアマテラスに奉じる神事があります。アマテラスの鎮まる伊勢神宮で行っている神嘗祭です。伊勢神宮でもっとも重要な神事であり、「神宮の正月」とも呼びます。

伊勢神宮では、神様にお供えする米をすべて神田《しんでん》でつくっています。種まき、田植え、稲刈りの神事を経て、収穫した稲束を10月15〜17日にかけてアマテラスにささげ、召し上がっていただきます。

神嘗祭は、かつて国家の祝日ともなっていた一大神事。今でも伊勢神宮のお膝元である伊勢市では、神嘗祭が終わるまでは新米を口にしないという人も多いそうです。

❖初穂料

その年にはじめて収穫した稲穂である初穂を、実りへの感謝を込めて神様にささげるならわしは、「初穂料」という言葉に残っています。神社でお守りをいただいたり、特別に祈禱する昇殿参拝を受けたりした際に納めるお礼の名称です。昇殿参拝では、神前に供える榊《さかき》の枝に紙垂《しで》をつけた神具・玉串から、「玉串料」とする場合もあります。

また、賽銭箱《さいせんばこ》に納める賽銭も、もともとは神前にまく散米や、洗った米を紙に包んで供えるおひねりが起源です。貨幣経済の発達にともない散米はお金をささげる散銭になり、いつしか神様へのお礼を意味する「賽」を冠した賽銭となったと考えられています。

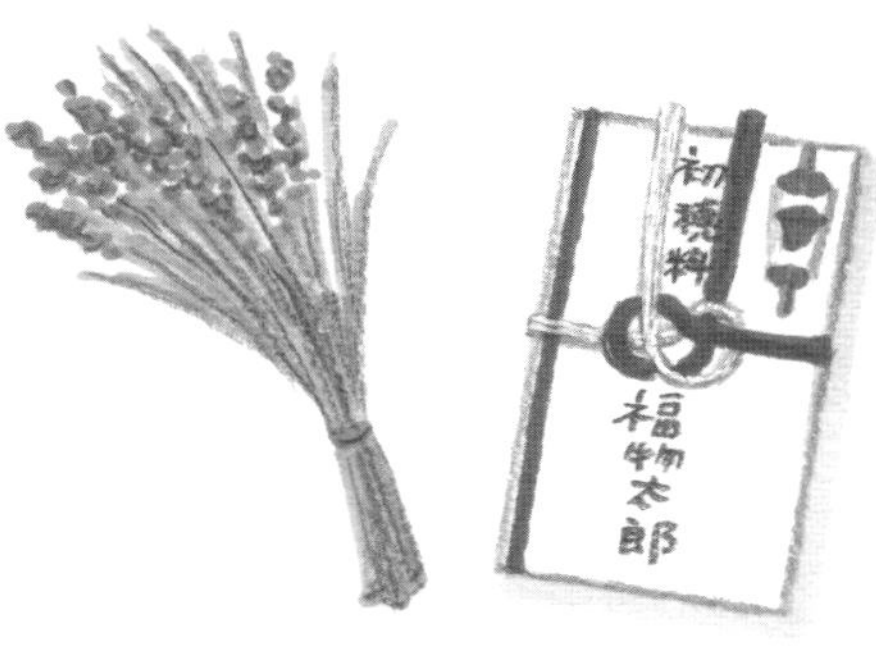

【スポーツの日】

スポーツの神様

◎天下無双の怪力

タヂカラオ

いろんな「○○の秋」がありますが、「スポーツの秋」はよく言われるところです。さまざまいる神様のなかにも、パワーとスピードを兼ね備えたスポーツの神様がいます。タヂカラオという神様です。「タ」は手を意味し、手の力の強い神様という、いかにも力持ちそうな名前です。

スポーツマンシップの先駆けは、高天原でいちばん力持ちの神様。強さの象徴である腕力を、光を失い困っていた神々のために使いました。

この神様が活躍するのは、世界が危機に陥ったとき。太陽の神様・アマテラスが弟のスサノオの乱暴に恐れをなして天の石屋に閉じ籠もってしまったときのことでした。

天も地も真っ暗になり、困り果てた神様たちは、なんとかして女神に出て来てもらおうとあれこれ工夫を凝らします（15ページ）。

このとき最後にあらわれて大活躍するのがタヂカラオです。タヂカラオはアマテラスが籠もっている石屋の戸の陰に隠れ、隙をうか

がいます。そしてアマテラスが少し戸を開けた、その瞬間に戸の隙間から手をさっと握り、外側へと引っ張り出しました。するとたちまち、天も地も明るくなりました。

伝承によると、このときタヂカラオは石屋の戸をぽーんと投げ飛ばしたそうです。そして、その戸が落ちてできたのが長野県長野市の戸《と》隠《がくし》山《やま》と伝わっています。戸隠山に鎮座する戸《と》隠《がくし》神社にはタヂカラオが祀られ、スポーツ選手たちが必勝を祈願しに訪れています。

タヂカラオの俊敏で力強い動きが、世界に光を取り戻したということです。体を動かすと心も明るくなるのは、タヂカラオの功績を象徴しているのかもしれません。

スポーツの神様に健勝を願う

❖戸隠神社

スポーツの神様・タヂカラオ

が放り投げた天の石屋の戸は戸隠山となり、タヂカラオは自身の定住の地と決めました。この山の麓でタヂカラオを祀る、戸隠神社に伝わる神話です。

タヂカラオの住む奥社には、２㎞ほどの参道を歩いて向かいます。江戸時代に植えたという杉並木がつづき、神聖な空気が漂う参道は近年、旅行会社のＣＭの舞台ともなった人気のパワースポットです。

参道はやがて石段へと変わり、１６０段ほど昇った先には標高１９０４ｍの戸隠山がそびえ立ちます。奥社は山の絶壁に抱かれるように建ち、さながら戸隠山全体がタヂカラオの住むお社のようです。

戸隠神社に伝わり、長野県の指定無形民俗文化財にもなっている太々神楽《だいだいかぐら》には、タヂカラオが天の石屋を開く舞も含まれています。世界に光を取り戻したタヂカラオの腕力の偉大さを称え、例祭などの重要な神事で奉納します。

❖相撲《すもう》

怪力を誇るタヂカラオは、現代の力自慢の男たち、大相撲の力士が敬う神様でもあります。多くの相撲部屋は神棚にタヂカラオを祀り、日々の稽古に励みます。

国技でもある相撲はもともと、豊作を願って神様にささげられた神事でした。お祭りで奉納相撲を行う神社が各地に存在するのは、その名残です。

日本相撲協会が取り仕切るいわゆる「大相撲」にも、神様はおおいに関わっています。本場所初日の前日に行う神事、土俵祭りは、力士の無事と相撲の繁栄を願うもの。祝詞《のりと》を奏上し、供物をささげ、タヂカラオをはじめとする相撲を支える神々に降りて来ていただくのです。力士が土俵に一礼したり、取り組み前に塩をまいたりするのも土俵が神聖な場であるため。タヂカラオのほか、日本初の相撲取りとして『日本書紀』に登場する野見宿祢《のみのすくね》や、地震の神様として紹介したタケミカヅチ（154ページ）なども現代相撲を司っています。

【神無月】
縁結びの神様

ご縁を司るのは、見目麗しきイケメンの神様。嫉妬や羨望など、酸いも甘いも噛《か》みわけて、すべてを丸く収めた神様に、恋愛を導いていただきましょう。

◎騒動を乗り越えた愛妻家
オオクニヌシ

昔から日本人の恋愛の願いを担当してきたのが、縁結びの神様・オオクニヌシ。大変な美男子で浮気者の神様です。

たとえばオオクニヌシの兄弟たちが、ある女神に結婚を申し込みに行ったときのこと。従者だったオオクニヌシが選ばれてしまい、兄弟たちに殺されるという事件が起こりました。このときは母神が奔走し、その結果、ますます「麗しい男」となって生き返ります。

さらに兄弟たちが殺そうとするので、先祖であるスサノオのいる根《ね》の国《くに》へ逃れました。するとここでも、スサノオの娘・スセリビメが一目惚れ。2柱はその場で結婚を決め、オオクニヌシはスサノオから試練を与えられることになります（106ページ）。

やがてスサノオは結婚を認め、スセリビメを正妻とするよう命じます。オオクニヌシは、

はじめて正式な妻を持った神様となりました。

しかしオオクニヌシの浮気癖は収まらず、全国津々浦々に妻がいるとまでいわれました。当然正妻のスセリビメは面白いはずもなく、オオクニヌシが出かけようとすると、ひどくやきもちを焼くようになります。

困り果てたオオクニヌシは、仲直りをしようと歌で呼びかけ、それを受け入れたスセリビメも歌を返します。そうして2柱は杯を交わして誓いを結び、抱き合い、お互いの首に手を置き合いながら、今にいたるまでずっと仲良く一緒にいることになりました。

正妻を持った最初の神様。浮気問題を乗り越えて妻と末永く暮らす神様。こうしてオオクニヌシは縁結びの神となったのです。

縁結びの神様の会議に託す

❖神無月《かんなづき》と神在月《かみありづき》

旧暦10月は神無月。神様が無くなる月、とされるのは、この時期に日本中の神様がオオクニヌシの住む出雲《いずも》大社《たいしゃ》（島根県出雲市）に集まり、縁結びについて相談をするから。普段暮らしている地域を留守にするために、この月名が生まれたわけです。

一方、全国から神様が集合する出雲地方では「神在月」と呼びます。この時期、出雲の人々は神々の会議の邪魔をしないよう、建物の普請を休むなどしてひっそりと暮らすそうです。

❖神送り

旧暦9月末日は、各地の神々が出雲へと旅立つ日とされ、全国で神様を見送る行事、神送りや神渡しを行ってきました。夜に氏子が神社に籠もり、神様の無事と留守中の平穏を願います。神様が出雲へと向かう乗り物は風。この頃に吹く西風を「神《かみ》渡《わたし》」や「神立風《かみたつかぜ》」と呼び、冬の季語にもなっています。

❖出雲大社

通称「いずもたいしゃ」、正式名称を「いずもおおやしろ」

とする出雲大社は、古くから縁結びの神様として親しまれてきました。出雲大社における参拝作法は一般的な「2拝2拍手1拝」（25ページ）ではなく、「2拝4拍手1拝」。お社に向かい、2回深々と頭を下げたあと、柏《かしわ》手《で》を4回。感謝と祈りをささげたら、もう1度頭を下げます。

24mの高さを誇る本殿や日本最大級の注連縄《しめなわ》がかかる神楽殿が有名ですが、神様たちの会議場となる上宮《かみのみや》、宿泊所となる十九社《じゅうくしゃ》など、八百万の神が集う社殿が揃《そろ》うのも同社ならではです。

❖出雲大社の神在月

神議《かむはかり》に参加する神々の集合場所は出雲大社近くの稲佐《いなさ》の浜です。旧暦10月10日の夜、浜に祀られた2本の榊に神々が降臨します。出雲大社の神事、神迎《かみむかえ》祭《さい》です。その後神々は、神職たちとともにオオクニヌシの待つ出雲大社へと進みます。

神迎祭の翌日から7日間は神《かみ》在祭《ありさい》。神々が上宮にて人と人との縁を取り決めます。

滞りなく神議が終わり、国許へと帰る神様を見送る神事は神《か》等去出祭《らさでさい》です。神々は旧暦10月17日に出雲大社から、26日に出雲国から旅立つため、2度行います。

【えびす講】

商業の神様

10月20日は、えびす講が開かれます。いつもニコニコ、ご機嫌顔の恵比寿は商業の神様。関西では「えべっさん」の名で慕われています。

◎釣り竿と鯛がトレードマークの福の神

恵比寿

商売繁盛の神様といえば恵比寿です。手に釣り竿を持ち、鯛を抱えた姿で描かれるように、もともとは漁業の神様でした。そもそも「えびす」とはよそ者を意味する言葉。海辺に流れ着いたイルカやクジラ、また人の死体などが大漁をもたらしてくれるという信仰があり、そうしたものを「えびす」と呼んでお祀りしました。

漁業の神様・恵比寿は、神話の神様と結び付いていきます。1柱はイザナキとイザナミが最初に生み出した子であるヒルコ。もう1柱はオオクニヌシの息子であるコトシロヌシです。ヒルコは生まれるとすぐに海に流されてしまった子、コトシロヌシは釣りをする神様として神話に登場します。

どちらも海に縁の深い神様であることから、大漁をもたらす恵比寿と重なりました。全国にある恵比寿をお祀りする神社の祭神はヒルコかコトシロヌシのどちらかとなっています。

特に有名な神社としては、ヒルコをお祀りする兵庫県西宮市の西宮《にしのみや》神社があります。西宮のえべっさんとして知られ、海の近くで古くから漁民の信仰を受けていました。

やがて都に近い西宮という場所柄か、都の人々へと信仰が広がるとともに、福の神になっていきました。そして江戸時代に入り商業活動が活発になると、商売繁盛の神様として全国的に信仰するようになります。

神話のなかのヒルコは、ヒルのような子だったため、両親に海へ流されるというかわいそうな神様でしたが、今ではたくさんの人々が信仰し、愛しています。

商業の神様と栄える

❖えびす講

　商業の神様である恵比寿を祀るお祭りであるえびす講は、商家を中心に形づくられてきました。書きあらわし方は地方によって「恵比寿講」「戎講」「夷講」「恵比須講」とまちまち。開催日も10月20日、11月20日、1月10日、1月20日と異なります。

　えびす講は、日本中の神様が出雲大社へと赴く神無月（旧暦10月）に、留守番を任された恵比寿を慰めるためにはじまったといいます。

　関東では10月20日に行う地域が多いため「二十日《はつか》えびす」、関西では1月10日に行うことが多いため「十日《とおか》えびす」と呼んでいます。

　えびす講の「講」は、同業者や地域の人々がお祭りのために資金を積み立てていた組織の名称です。盛大なお祭りとなるよう、近しい人々が協力してお金を貯めていたことからも、恵比寿をいかに愛してきたのかがわかります。二十日えびすは商家が床の間に恵比寿の絵や像を祀り、鯛やお酒などを供え、宴席を設けて夜通し飲み食いしながら商売繁盛を祈りました。

❖べったら市

えびす講のお供えものや縁起物、宴席のための食材などは宝《たから》田恵比寿《だえびす》神社（東京都中央区）の門前市で揃えるのが江戸の人々の常でした。多くの出店がひしめきあうなかでも、名物は徳川慶喜も愛したというべったら漬け。塩で浅漬けにした大根を、米麹で本漬けにした漬け物です。

　明治時代になると、べったら漬けをおもに売り買いするべったら市へと変わり、現在も毎年10月19・20日に行っています。

❖福笹《ふくざさ》

「商売繁盛で笹持って来い！」と威勢のいい掛け声が響くお祭りといえば、1月10日を中心に関西各地で行われる十日えびす。西宮神社や今宮戎《いまみやえびす》神社（大阪府大阪市）が有名で、毎年多くの人でにぎわいます。

「笹持って来い」の「笹」とは、孟宗竹《もうそうちく》の枝に鯛や米俵、大判小判といった縁起物を吊り下げた福笹のこと。商売繁盛を願うお守りで、神社で授与されるほか、参道にならぶ屋台で求めることができます。福笹の由来は、笹の旺盛な生命力に繁栄の願いを託しているとも、恵比寿の持つ釣り竿に見立てているとも。

　いただいた福笹は、神棚やお神札《ふだ》に供えたり、部屋の高い場所に祀ったりするのが作法。翌年には感謝を込めてお返しし、新しいものに取り換えるとさらなる福を呼び込むそうです。

【文化の日】

芸能の神様

芸術は、理屈を超えて人の心を開く、最強の武器です。神話では、神々を大笑いさせ、場の空気を一変させた芸能の神様が描かれています。

◎心を掴むエンターテイナー
アメノウズメ

楽器を演奏したり、歌を歌ったり、ダンスをしたり。芸能というとさまざまな分野がかかわってきます。演劇も含まれれば、映画制作も入るでしょう。血のにじむような努力をして頑張っている人たちもいれば、遊び感覚で楽しんでいる子供たちもたくさん。芸能というと、このようにとても多くの人たちがさ

まざまな形で関わっています。

その芸能の元祖となる神様がアメノウズメです。アマテラスが天の石屋に閉じ籠もり、さまざまな災いが起こったときのこと。オモイカネがアマテラスに出てきてもらうための方策を考え、神々たちが祭りを行うことになります。その最後にアメノウズメは、桶《おけ》を伏せて底板を踏み鳴らしながら、神がかりをしてほとんど裸になって踊りました。すると神々は大笑い。どうして神々の笑い声がするのかと不思議に思ったアマテラスは、石屋の戸を少し開きます。これが女神復活のきっかけとなりました。

桶を伏せて太鼓のように使い、その上で踊る。まさに芸能です。このアメノウズメの踊りは、神々の「笑い」を引き出しました。神話のなかにはじめて登場する笑いです。今も全国に「笑い祭り」があるように、笑いは邪気を払って福を呼び込む力があるとされます。アメノウズメの芸能の力は、この世に笑いをもたらしたのです。

次にアメノウズメが活躍をするのは、アマテラスの孫のホノニニギが地上に下るときです。天と地の間に、両方の世界を光で照らす異形の神がいました。見慣れぬ神の姿に、天の神々を代表してアメノウズメが何者かと問います。すると「天孫を迎えに来たサルタヒコだ」と答えました。神々は安心してサルタヒコの案内で地上に下ります。芸が人々を導き、道を開いたといえるかもしれません。

芸能の神様と心を躍らせる

❖神楽

神楽とは、神様を祀るために奏でる舞楽のこと。アメノウズメが神々の前で披露した踊りがルーツです。語源は「神様がいる場所」を意味する「神座《かむくら》」だとされています。

神楽はさまざまなものがありますが、ふたつに大別できます。ひとつは宮中で受け継がれてきた御神楽。そしてもうひとつが、神社や地域に根差した里神楽です。なかでも、神社で巫女《みこ》が舞う「巫女神楽（巫女舞）」は誰もが一度は目にしたことがあるのではないでしょうか。神前結婚式や特別なご祈禱、神事などで奉納される優雅な神楽です。

また、旧暦11月になると各地で奉納されるのは、霜月神楽。伊勢神宮の外宮で行われていた湯立神楽が各地に伝わったもので、その年の実りに感謝し、翌年の五穀豊穣を願う晩秋の風物詩です。保呂羽山波宇志別《ほろわさんはうしわけ》神社（秋田県横手市）や長野県下伊那郡天龍村の霜月神楽が名高く、愛知県奥三河地方では「花祭」の名で親しまれています。

日本国の神様であるカムヤマトイワレビコ（54ページ）が生

まれ育った宮崎県の「高千穂の夜神楽」も、毎年11月中旬から翌年2月上旬にかけて行われる伝統的な神事です。集落ごとに氏神様を「神楽宿」と呼ばれる民家や公民館にお招きし、夜を徹して神楽を奉納します。33番ある夜神楽のなかには、アメノウズメが登場するものも。天の石屋の前で踊る「鈿女《うずめ》」を含む「岩戸五番」は、アマテラスを石屋から誘い出す神話を題材とする人気の演目です。

❖おかめ・お多福

ふっくらとした頬と愛嬌たっぷりの笑顔が特徴的な「おかめ」は里神楽で用いられる女性のお面で、アメノウズメに由来するといわれています。おかめは別名「お多福」とも呼ばれ、酉《とり》の市《いち》の熊手にも飾りつけられる縁起物。「福は内」のかけ声にちなみ、2月の節分でまく福豆のパッケージにも描かれています。おかめやお多福に姿を変えたアメノウズメは、福を招く神様としても活躍しているのですね。

❖椿岸《つばききし》神社

ホノニニギとともに地上に下ったアメノウズメは、道案内役を務めたサルタヒコと結婚したと伝わっています。導きの神として崇敬を集めるサルタヒコを祭神とする神社は２０００社以上。その多くで妻神であるアメノウズメも祀られています。とりわけ、サルタヒコを祀る神社の総本宮である椿大神社《つばきおおかみやしろ》（三重県鈴鹿市）の摂社・椿岸神社は芸能上達のご利益で知られます。奉納された玉垣には、俳優や歌手、日本舞踊家など芸能に携わる方々の名前がずらりと並び、信仰の篤さがうかがえます。

【酒まつり】

お酒の神様

晩秋、お酒の神様を祀る神社では、全国の酒造家や杜氏が集い酒まつりを行います。お酒は神事でも使う聖なる飲み物です。

◎古都に祀られる2柱

オオモノヌシ・オオヤマクイ

　秋に実ったお米は、ご飯として食卓にやって来ますが、日本酒としても私たちを楽しませてくれます。今も多くの酒蔵の酒づくりは、稲の収穫が終わった晩秋からはじまります。

　酒づくりはとても細やかな技術のいる仕事。雑菌などによってお酒がダメになってしまう可能性もあります。蔵人《くらびと》たちに事故がなく、

毎年おいしいお酒がつくられるよう、お酒の神様にお願いします。お酒の神様は、オオモノヌシとオオヤマクイです。

　オオモノヌシとお酒の関係は、第10代・崇《す》神《じん》天皇の頃にはじまります。疫病の流行に悩んでいた天皇は、夢で三輪山《みわやま》（奈良県桜井市）のオオモノヌシの「自分を祀るように」という神託を得ます。天皇は早速、オオモノヌシの子に祀らせました。すると疫病はすっかりなくなります。そこでお酒をつくらせ、オオ

モノヌシにお供えするとともに、みなで飲んで楽しみました。今もオオモノヌシを祀る大《おお》神《みわ》神社（奈良県桜井市）ではお酒をお供えする方が多く、賽銭箱の近くにコップ酒が置かれているのをよく見かけます。

　オオヤマクイは、稲の実りの神様である大《おお》年神《としがみ》の子です。神話には名前しか登場しませんが、京都の松尾山に住まう山の神様でもあり、のちに秦氏《はたし》という渡来系の氏族がこの地域に住みだしたとき、自分たちの神様として崇拝しました。秦氏は大陸からさまざまな技術を伝え、そのなかに酒造技術もあったといわれています。そのため、秦氏が信仰した松《まつ》尾大社《のおたいしゃ》（京都府京都市）の祭神・オオヤマクイもお酒の神様となりました。

お酒の神様に酔いしれる

❖酒まつり

毎年11月14日はお酒の神様と酌み交わすため、全国の酒造関係者や日本酒を愛する人々が大神神社に集います。新酒の醸造の安全を祈る神事、酒まつり（醸造安全祈願祭）です。

祭典では、オオモノヌシにお酒をささげた日本初の杜氏《とうじ》（酒づくりの責任者）である活日《いくひ》が詠んだ和歌にのせた神楽、うま酒《さけ》みわの舞を奉納します。

参拝者の大きな楽しみとなっているのが、各地の酒蔵から献じられた日本酒による振舞酒《ふるまいさけ》。多くの銘柄が展示されるほか、樽酒が開けられ、境内はかぐわしい香りに包まれます。祭神とともに楽しく酔う、お酒の神様ならではのお祭りです。

酒まつりの前日には、大神神社の拝殿と祈禱殿に飾られている直径1・5m、重さ200kgの大杉玉《おおすぎだま》も掛け替えられ、お祭りに参加した酒蔵にも新しい「しるしの杉玉」（次項参照）が授けられます。

❖杉玉（酒林《さかばやし》）

　全国の酒蔵や酒店のなかには、門前や軒下に杉の葉でできたボール状の杉玉（酒林）を吊り下げている所があります。杉玉は大神神社のご神木が杉であることにちなんだもの。もとはお酒の神様に感謝をささげるしるしで、やがて杉玉自体が看板の役目を果たすようになりました。杉の葉は時間を経るごとに茶色く枯れていくため、酒まつりで授与される青々とした「しるしの杉玉」は、その年に仕込まれた新酒が完成したことを知らせる合図にもなっています。

❖松尾大社

　酒造関係者にとって、「卯」の字は甘酒、「酉」の字は酒壺を意味するそうです。また、酒づくりは卯《う》の日にはじめ、酉の日に終えるならわしもあります。

　京都府京都市に鎮まる松尾大社の醸造祈願祭も、毎年11月はじめの卯の日が開催日。酒づくりだけでなく、味噌や醤油《しょうゆ》などの醸造業、小売業に携わる人々が参詣します。

　松尾大社の境内には名水としても知られる「神泉・亀の井」が。全国の醸造家や杜氏たちはこの清水を持ち帰り、お酒の神様の力を借りて仕込みにかかります。

【酉の市】

開運の神様

武力と知力、胆力を武器に、立ちはだかる敵を打ち負かしつづけた神様がいます。ピンチに陥っても逆転の糸口を見つけ、みずからの運を切り開いていきました。

◎日本平定のために東奔西走した皇子

ヤマトタケル

とうていできないような仕事を任せられてしまったり、絶体絶命というような状況に陥ったり。そんなとき、なんとかこの苦境を切り開きたいと思います。開運を願うといってもいいでしょう。悲劇の英雄というイメージのあるヤマトタケルは、意外なことにこの開運の神様でもあります。

ヤマトタケルは景行《けいこう》天皇の皇子でもともとオウスという名前でした。誤って兄を殺してしまい、父である天皇に恐れられ、西国のクマソタケルを征伐するように言われます。とても強いクマソタケル。オウスは彼に近づくため、女装をすることにします。そして戦いとなり、見事勝利。負けたクマソタケルは亡くなるとき「これからはヤマトタケル、つまり大和の強い男と名乗るように」と言い残しました。

西を攻めたあとは、東へ向かうよう命じられます。東にもさまざまな苦難が待ち受けていました。だまされ、火に囲まれたこともあります。そのときには叔母からもらった火打ち石と草薙剣《くさなぎのつるぎ》を使い、迎え火をつけて助かりました。海が荒れたときには、妻が入水して海の神様をなだめてくれました。

そんなヤマトタケルも、最後は伊吹山《いぶきやま》の神が降らせた氷雨の力で衰弱し、今の三重県の能褒野《のぼの》という所で亡くなってしまいます。すると不思議なことにその魂は白鳥となって飛び立っていきました。妻と子供たちが白鳥のあとを必死で追いかけていくと、河内国《かわちのくに》（大阪府）で留まりました。最後にこの白鳥が降り立ったと伝えられる地に、大鳥《おおとり》神社（大阪府堺市）が建てられています。

悲劇的な最期を迎えますが、自分の知恵だけでなく、周囲の人にも助けられながら多くの苦難を乗り越えたヤマトタケルは、まさに運を開きながら生きた神様なのです。

開運の神様と拓く

❖酉の市

ヤマトタケルは大阪府堺市に鎮座する大鳥神社をはじめ、各地の大鳥（鷲・大鷲）神社で祀られています。そして毎年11月の酉の日に関東各地の大鳥神社で行われるお祭りが酉の市です。

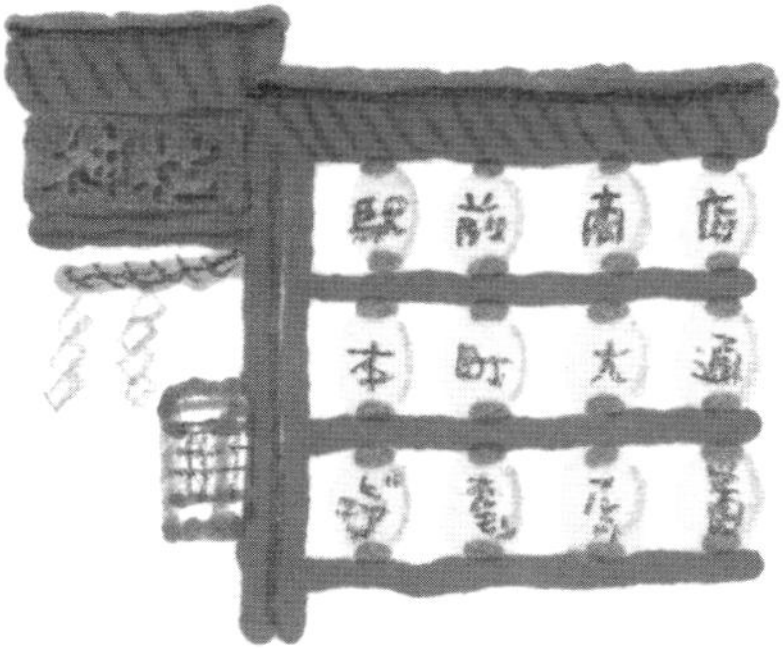

　酉の市の起源は江戸時代。江戸近郊に位置する花又村（東京都足立区）の花畑大鷲《はなばたけおおとり》神社に、農民たちが秋の実りを祝い、鶏を奉納したのがはじまりと伝わっています。やがて鶏が「とりこむ」と結び付き、客を取り込む商売繁盛、運を取り込む開運招福のお祭りとなっていきました。現在では、東京・浅草の鷲《おおとり》神社、目黒の大鳥《おおとり》神社などの酉の市が知られ、「お酉様《とりさま》」の名でも親しんでいます。

　最初の酉の市は「一の酉」、次の市は「二の酉」。年によっては「三の酉」まで開催します。俗説によると、三の酉がある年は火事が多いのだとか。空気が乾燥しはじめる時期でもあるため、火事への戒めとして言い伝えられてきたのかもしれません。

❖熊手

酉の市では神社の参道に縁起物の熊手を売る露店が並びます。もともとは秋の収穫祭であった酉の市で農具として売られていましたが、物を掃き寄せるところから、福や縁、運を集める道具と考えるようになりました。

熊手は大判小判、宝船、招き猫に米俵と、これからかき込む福運を象徴するさまざまな縁起物で彩られます。

酉の市の熊手には定価がありません。売り手と買い手の駆け引きによって値段が決まるのです。とはいえ、値引きに成功してもご祝儀として値引いた差額を渡すのを粋とします。小さなものから買いはじめ、年々大きなものにグレードアップしていくという風習もあります。

❖頭《とう》の芋《いも》・切り山椒《さんしょう》

酉の市では、熊手以外の縁起物も手に入れることができます。そのひとつが「頭の芋」とも呼んでいる八頭《やつがしら》（里芋の一種）。頭になる＝人の上に立つ、出世できるという、開運のパワーフードです。また、上新粉に山椒と砂糖を加えて蒸し、短冊形に切り揃えた餅菓子、切り山椒もよく見かけます。こちらは葉、花、実、樹皮と無駄なくすべてを使える山椒のありがたさ＝有益さにあやかった縁起物です。

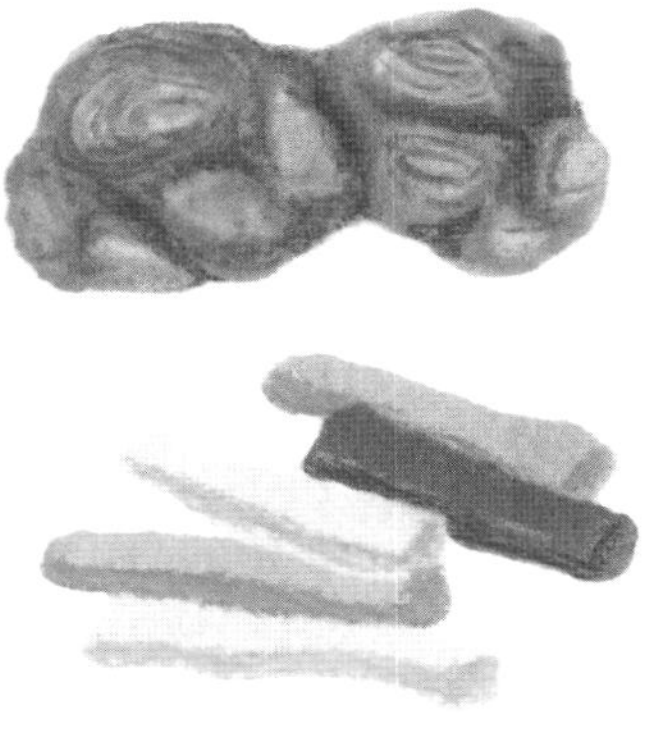

【家族の日】

きょうだいの神様

互いへの愛情が悲劇を招いた、兄弟の神様のエピソード。家族と仲良く一緒にいられることはなにより幸せなのだと、私たちに教えてくれます。

◎家族の和を願う優しい弟

ウジノワキイラツコ

　同じ親の子であっても、とりわけ親に愛される子がいたりします。それはのちに家族の不和の原因になることもあるでしょう。国を治める天皇家となれば、家族の不和がもたらす影響は決して小さくありません。不和を起こさないために努力した兄弟の話があります。

弟の名はウジノワキイラツコ。応神天皇の

息子で、兄にオオサザキがいました。とても有能で勉強熱心だったウジノワキイラツコを、応神天皇はとてもかわいがり、皇太子に取り立てます。しかし、応神天皇が亡くなると、ウジノワキイラツコは兄のオオサザキが天皇になるべきだといって皇位につこうとしません。オオサザキもまた、父の遺志を尊重し、ウジノワキイラツコが天皇になるべきだといって遠慮します。

あるとき海人《あま》が宇治にいるウジノワキイラツコのもとに、獲れたての魚を献上しに来ます。天皇への献上という意味だったのでしょう。しかしウジノワキイラツコは、自分は天皇ではないので受け取るわけにはいかないと言って断ります。そこでオオサザキのいる難波《なにわ》の宮へ持っていくと、そこでも自分が受け取るわけにはいかない、宇治へ、と言われてしまいます。そうこうしているうちに魚が腐ってしまい、海人は魚を捨てて泣きました。

2人の譲り合いは、このように美しい兄弟愛というレベルを超えて周りにも影響を及ぼしていきます。とうとう3年が経ち、ウジノワキイラツコは自ら命を絶ってしまいました。オオサザキは、ようやく皇位につき、のちに仁徳天皇と呼ばれる天皇となります。ウジノワキイラツコは、京都の宇治にある宇治上《うじがみ》神社に父の応神天皇、兄の仁徳天皇とともに神として祀られています。悲しい結末ではありますが、家族思いのウジノワキイラツコには家族円満を願いたいですね。

きょうだいの神様の和にならう

❖宇治上神社

ウジノワキイラツコは「ウジの若々しい男の子」といった意味合いの名前になります。ウジは京都府宇治市に位置する地域を指し、かつてはウジノワキイラツコの住居もありました。そして現在、宇治に鎮まるのがウジノワキイラツコとその兄・父の3柱が祭神の宇治上神社です。

宇治上神社は宇治川を挟んで向かい合う平等院とともに、「古都京都の文化財」として世界文化遺産に登録されています。約960年前に建立されたとされる本殿は、神社建築としては最古。本殿の前方にある拝殿も、1215年（建保3年）頃に造営されたことがわかっています。どちらも古の様式を今に伝える貴重な建築物であるため、国宝に指定されています。

❖宇治神社

ウジノワキイラツコは読書家で、とても聡明な人物でした。日本に『論語』をもたらしたとされる渡来人・王仁《わに》の下で勉学に励んだとも伝わっています。そのため、学業成就や受験合格のご神徳でも名高いのです。

宇治上神社と同じく、ウジノワキイラツコを祭神とする宇治神社（京都府宇治市）には、毎年11月になると「智恵の輪」が登場します。見た目は茅《ち》の輪（112ページ）によく似ていますが、材料は稲藁《いなわら》。智恵の輪をくぐればウジノワキイラツコの智恵を授かれるうえ、実りある生活を送れるのだとか。智恵の輪の上部には、実りの象徴である稲穂がしつらえられています。

同神社の境内には、ウサギの像がいくつか鎮座しています。これは、ウジノワキイラツコの道案内をしたと伝わる神使の「みかえり兎《うさぎ》」。絵馬に願い事を書いてお参りしたあと、絵馬を持ちながら本殿を時計回りに３周する間に３羽のウサギを見つけることができれば、さらなるご利益が授かれるそうです。

❖古墳

ウジノワキイラツコの兄である仁徳天皇といえば、大阪府堺市《さかいし》にある大仙《だいせん》（仁徳天皇陵）古墳を思い浮かべる方もいるでしょう。仁徳天皇の墓と伝えられる、日本最大の前方後円墳です。一方、父である応神天皇は、大阪府羽曳野《はびきの》市の応神天皇陵古墳に眠っています。こちらは全長約４２５ｍで、国内２位。日本国内には約16万基もの古墳があるといわれていますが、上位２つをウジノワキイラツコの父と兄が占めているのです。

では、彼自身の埋葬地はどこかといえば、京都府宇治市にある宇治墓とされています。１８８９年（明治22年）に宮内省が治定すると同時に、全長80ｍの前方後円墳として整備しました。墳墓の規模ひとつとっても、偉大なる父と兄を立てる、謙虚で家族思いの人柄がしのばれるようです。

【いい夫婦の日】

夫婦の神様

11月22日は「いい夫婦の日」。日本神話にはたくさんの夫婦神が登場しますが、もっとも偉大な2柱は、国土とさまざまな自然物を生み出したイザナキとイザナミです。

◎日本列島を生み出した最強夫婦

イザナキ・イザナミ

最初の夫婦といえばイザナキとイザナミ。『古事記』では、はじめに登場する神様たちはみなひとりでに生じていました。その神様たちの7代目にイザナキとイザナミが生じます。

その頃、まだ私たちの住む島は、水の上に浮かぶ油のよう。そこで先に生じた神々が、2柱に島をしっかりとつくり固めるよう命じます。イザナキとイザナミは天上から矛を下ろして海をかき混ぜ、その先端から落ちた塩でオノコロ島をつくり、降り立ちました。

そして2柱は結婚をして国を生み出すことに決めます。最初に生まれたのは、ヒルコというヒルのような子と、淡島《あわしま》という形のはっきりしない島。その後、2柱は天にいる神様の助言に従い、イザナキの方から妻を誉めて結ばれたところ、淡路島にはじまりたくさんの島々が生まれました。

島々のあとは山や木、風などの自然を生み出します。しかし火の神様を生んだため、イザナミは亡くなってしまいました。あきらめられないイザナキは、死者の国へと妻を連れ戻しに行きますが、うまくいきませんでした。

その後、２柱は離れて暮らすようになります。ケンカ別れをしたという神話もあれば、ククリヒメという女神がなんらかの言葉をかけ、これをきっかけに仲直りをしたという神話も伝わっています。

手本もなく、どうしたらいいかもわからないままに最初の夫婦となった2柱。たとえ離ればなれになったとしても、私たちの住む世界を生み出したイザナキとイザナミが「最強の夫婦」であることには変わりありません。

夫婦の神様に親しむ

❖お多賀《たが》さん

日本の島々をはじめ、幾多の神々を生み出したイザナキとイザナミは子だくさんなだけあり、多くの神社でほかの神々とともに祀られています。しかし、夫婦水入らず、2柱だけで仲良く暮らす神社があります。全国に250社近くある多賀《たが》神社です。

多賀神社の本源は、滋賀県犬上郡多賀町に位置する多賀《たが》大社《たいしゃ》。国生みを終えたイザナキがこの地に降り、鎮まったと伝わっています。やがて最愛の妻であるイザナミも祀られ、「お多賀さん」の愛称で親しまれるようになりました。江戸時代、庶民の間で伊勢神宮に参詣する伊勢参りが大ブームになると、「お伊勢参らばお多賀に参れ、お伊勢お多賀のお子じゃもの」という俗謡も生まれます。『日本書紀』のアマテラスは、イザナキとイザナミの子。子供にお参りするならば親神も忘れずに、ということで多賀大社への参詣も広がりました。

夫婦神のご利益はもちろん夫婦円満。また、幾多の生命を生み出した偉業から、命を長らえさせる延命の神様として、多くの人が慕っています。

❖恋教鳥《こいおしえどり》

イザナキとイザナミに、正しい男女の交わり方を教えた鳥がいます。川辺や湖畔などでよく見かける野鳥、セキレイです。

イザナキとイザナミが結婚した折、最初に生まれたのはヒルのような子と形のはっきりしない島であったことは紹介した通り。やがて2柱は天の神様の助言に従い国生みに成功しますが、『日本書紀』には天の神様に加えてセキレイが恋の指導役として登場します。尾を上下に動かすセキレイ独特の歩き方をヒントに、2柱は男女の交合を知るのです。

以来、セキレイは恋を教える鳥として知られるようになり、「恋教鳥」という別名も持つようになりました。伴侶の命が尽きるまで連れ添うという仲睦まじさも、イザナキとイザナミに重なります。

❖オノコロ島と上立神岩《かみたてがみいわ》

全国にはイザナキとイザナミが地上にはじめてつくった島、オノコロ島とされる地がいくつかあります。兵庫県の沖合に浮かぶ沼島もそのひとつです。この島のシンボルは上立神岩。高さ30mにも及ぶ巨大な岩で、海中から天を目指すかのように突き出しています。イザナキとイザナミは「天の御柱」と呼ばれる柱を立て、その周囲を巡って結婚の契りを交わしました。沼島では、上立神岩こそが天の御柱だと伝わっています。

冬

年末の慌ただしさは1年を終えるためではなく、新年を迎えるためのもの。正月支度、大掃除、大晦日《おおみそか》……。神様との共同作業がつづきます。

連理の椿に神様夫婦の睦まじさを重ねて

出雲《いずも》の八重垣《やえがき》神社（島根県松江市）には、大きな椿《つばき》の木があります。不思議なことに、根元は2本なのに上方にいくと

ひとつになり、全体では１本の椿に見えます。その姿に、古の日本人は理想の夫婦を重ね合わせ、「夫婦椿」と呼びました。

八重垣神社は、スサノオがクシナダヒメと暮らした地に建っていて、古くから縁結びが願われてきました。夫婦椿は、良縁を得たふたりに夫婦円満をもたらすご神木なのです。

神様のはなし

6

古くて新しい「伊勢神宮」

10年ほど前の２０１３年（平成25年）に、伊勢神宮《いせじんぐう》では式年遷宮《しきねんせんぐう》が行われました。「式年」とは、儀式を行う年が定められていること。「遷宮」とは、新しい社殿に神霊をおうつしすることをいいます。

伊勢神宮の場合は、20年に1度遷宮を行うことが定められています。このとき神宮では内宮《ないくう》と外宮《げくう》、両方の正殿《しょうでん》をはじめとして、敷地内のあらゆる建築物や装束、神宝、すべてを新しくします。ひと言ですべてといっても、大変な数です。建物は60棟以上ありますし、橋も架け替えます。神宝や装束は１５００点以上。これらを数年かけて全部新しくするのです。

ちょっともったいないなぁと思うこともあるかもしれません。でも、神宮で使われていた用材は、各地の神社の修復などに供され、また長く使用されます。神宝などは博物館で展示される場合も。私たちの目に触れるまたとない機会です。

大変な労力と多額の資金を必要とする行事ですが、その歴史はとても古く、１３００年以上前からつづいています。７世紀後半に天武《てんむ》天皇が実施を決め、その妻の持統《じとう》天皇のときに、第１回の遷宮（内宮のみ）を行いました。６９０年のことです。その後、戦乱による中断や延期などもありましたが、２０１３年まで、62回の遷宮を行っています。

遷宮では、建物などをまったく新しいデザインでつくるわけではありません。神宮の正殿であれば、「唯一神明造《ゆいいつしんめいづくり》」という独自の建築様式で、つくりつづけています。ということは、とても古い姿のままで新しくつくられるのです。伊勢神宮は、古くて新しいといえるでしょう。

この貴重な建築様式や神宝をつくるための特殊な技術などを伝えていくために、20年に１度という間隔になっているのだともいわれています。これよりも長く、30年、40年と間が空いてしまうと、本などに記されていない特殊な技術を持った人が、直接次の世代に教育することが難しくなってしまうでしょう。

また、なによりも神様にとっては清浄な空間であることが重要です。清らかな社殿にうつることで、ますます力を発揮していただけると考えてきたのです。つねに清浄で瑞々しく。私たちもそうありたいですね。

【火の用心】

火の神様

生みの親を死に至らしめ、己も斬殺される
という悲しい出生を背負った火の神様。
やがて、母神とともに火伏せの神様として
祀られるようになりました。

◎文明を支える炎の化身

カグツチ

火は私たちの生活にはかかせないものです。今でこそ電力が肩代わりする部分も増えてきましたが、火がなければ私たちの先祖が生きながらえることはなかったといっても過言ではありません。命をつないできた火ですが、その一方で扱いを間違えば、火傷《やけど》を負わせたり、火事を起こしたりと、大変な事態を引き

起こします。特に日本の家屋は木造が中心だったため、1軒の火事から大火事が起こってしまうこともありました。

　このように、ありがたさと恐ろしさの両面を持つ火の神様は、カグツチといいます。島々や自然を生み出したイザナキとイザナミ（206ページ）の間に生まれた子供です。カグツチの「カグ」とは、鏡の「かが」と同じで、揺れて光るという意味。「チ」は、神様の力のことです。つまり、ゆらゆらと光り輝く神様。まさに火そのものといえますね。

　カグツチを生んだため、イザナミは大火傷を負い、苦しみながら亡くなります。火は、この世を生み出した女神が最後に命がけで送り出したものなのです。しかしカグツチは、妻の命を奪ったとしてイザナキの逆鱗に触れ、斬り殺されてしまいます。このときのカグツチの血から剣の神様などが生まれました。まさに火から文明が生まれていったのです。

　火の神様・カグツチとその母であるイザナミは、時代が下るにつれて火事を防いでくれる神様になっていきます。カグツチが祀られたのは静岡県浜松市にある秋葉山本宮秋葉《あきはさんほんぐうあきは》神社。江戸時代には「秋葉大権現《あきはだいごんげん》」と呼ばれ、祠《ほこら》や神社が建てられるようになります。

　本殿にイザナミを、若宮にカグツチを祀る京都府京都市の愛宕《あたご》神社は、全国の愛宕神社の本社。「火迺要慎《ひのようじん》」と書かれた愛宕神社の防火・火難除けのお神札《ふだ》は、京都では多くの家庭の台所や飲食店の厨房《ちゅうぼう》に貼られています。

火の神様と防火に励む

❖ 防火祭《ひぶせのまつり》

空気が乾燥し火事も起こりやすくなる12月、全国各地にある秋葉神社の本社、秋葉山本宮秋葉神社では「秋葉の火まつり（防火祭）」が行われます。

火まつりの舞台となるのは、境内の神楽殿。毎年12月16日の夜に、翌年の豊凶作を占う「弓の舞」、人々の罪や穢《けが》れを切り祓う「剣の舞」、そして、本殿のご神燈から火をうつした松明《たいまつ》を手にした神職による「火の舞」を奉納します。

闇に包まれた舞台上で揺れ動く松明と激しい舞は、カグツチの聖なる力の象徴。火災除けはもちろん、厄除けや病除けを願う幻想的な神事です。

❖ 愛宕さん

カグツチは京都にも住まいを持っています。愛宕山の山頂に鎮座する、愛宕神社です。カグツチの京都での愛称は「愛宕さん」。防火と鎮火の神様として親しまれてきました。

先に紹介した「火廼要慎」のお神札のほかにも、3歳までに参詣すれば一生火事に遭わないという「愛宕の三つ参り」や、建物の無事を祈る上棟式で、同社の火伏せのお神札を棟木に貼りつける風習が受け継がれています。

❖秋葉原《あきはばら》

かつては電気街として、今ではアニメやアイドルの聖地として国際的観光地ともなった秋葉原（東京都千代田区）。この地名の由来にはカグツチが関係しています。

「火事と喧嘩は江戸の華」。江戸時代の東京を謳った言葉です。木造家屋が密集していた江戸の町では大火事が頻発し、そのたびに多くの人が亡くなりました。現代のように大量に水を汲み上げ散水する技術のなかった時代、人々が頼ったのは、カグツチです。防火を願い、秋葉山本宮秋葉神社に参詣する「秋葉《あきは》詣《もうで》」を盛んに行いました。

明治時代になってからも、東京は火事に見舞われます。国民の安全を願う明治天皇は、現在の秋葉原にあたる地区に設けられた延焼を避けるための空地、「火除地《ひよけち》」に鎮火社《ちんかしゃ》（鎮火神社）を創建、カグツチをはじめとする神様たちを祀りました。防火の神様といえばカグツチ、そして秋葉神社ということで、人々は鎮火社を「秋葉さん」「秋葉社」と呼び、やがてこの地も「秋葉原（あきはばら、あきはのはらなど多数）」と呼ばれるようになっていきます。

その後、鎮火社は線路敷設と駅設置にともない台東区松《まつ》谷《や》へとうつされました。現在は秋《あき》葉《ば》神社へと改称し、やはり火伏せの神様として信仰されています。そして、鎮火社の跡地に誕生したのが秋葉原駅。火の神様がこの地で都民を守っていたことを伝える、由緒ある地名です。

【大掃除】

我が家の神様

さぁ、年末の大掃除、と我が家を見渡しただけでも、たくさんの神様がいます。家屋、門、トイレ、物置……。日本人があらゆるものに神様を感じ、ともに過ごしてきた証です。

◎家に住んでいる神様たち

屋敷神

私たちの家そのものを守ってくれる神様は「屋敷神《やしきがみ》」といいます。その名の通り屋敷の片隅やすぐ側の土地に祠などを建ててお祀りする神様で、全国で人気の稲荷神《いなりのかみ》や八幡神《はちまんしん》、山の神様などをお迎えしたり、ご先祖様を屋敷神としたりすることもあります。

家の神様というと、岩手県を中心に東北地方では座敷童子《ざしきわらし》が有名です。幼い子供で、赤ら顔におかっぱ頭。座敷童子がいる家は栄えますが、いなくなると没落するといわれています。

門の神様

門や玄関の神様はアメノイワトワケ。天《あま》の石屋《いわや》（15ページ）の戸が神様となった、とか、石屋の戸を開くのを手伝った神様だとかいわれています。アマテラスの孫のホノニニギが地上に降りてくるとき、御門《みかど》の神として、宮中の門を守るために一緒にやって来ました。私たちの家にも悪いものが入らないよう、守ってくれています。

トイレの神様

トイレの神様は、「便所神《べんじょがみ》」「厠神《かわやがみ》」などと呼びます。土の神様であるハニヤマヒメと雨や水の神様であるミツハノメがトイレの神様だとされ、紙でつくった男女の雛や土製の人形をご神体としてお祀りする地域があります。

トイレの神様は出産に立ち会うので、トイレをちゃんと掃除して清潔にしておくと、お産が軽くなるそうです。そこから、「お産を控えた女性がトイレ掃除を頑張ると顔の美しい子が生まれる」という信仰も生まれました。赤ちゃんが生まれると、「雪隠《せっちん》（トイレのこと）参り」といって、トイレの神様にお礼をする風習もあります。

納戸の神様

納戸《なんど》、というと物置というイメージがありますが、かつては、ただ使わないものをしまうだけの場ではありませんでした。農家では収穫物を保管する場所になりますし、寝室として使うこともありました。家で出産をしていた頃は、お産の場にもなっています。

このように多くの用途がある納戸には、納《なん》戸《ど》神《がみ》がいます。恵比寿《えびす》や大黒天《だいこくてん》を納戸神として祀ることが多いのですが、田の神様やお産の神様、婦人病の神様が納戸神になっている地域もあります。一家の主婦が納戸神をお祀りすることが多かったので、女性の守り神となったようです。

竈の神様

台所など火を使う所にいる神様は、竈神《かまどがみ》です。煮炊きに必要な竈の火はとても神聖で大事。火を守る竈神のために竈の近くに神棚をしつらえ、お神札などを置いて祀りました。

東北地方には、竈の近くに口を突き出した醜い男の面をかける風習があります。「火男」＝「ヒオトコ・カマジン・カマオトコ」などと呼ぶものです。ヒオトコは、つまりヒョットコ。口を突き出した独特の顔つきで知られていますね。あの顔は、火の勢いを盛んにするために息を吹き込んでいる表情に由来します。竈は煮炊きをする所ですから、ヒョットコは食事に関わる農業の神様でもありました。

我が家の神様を整える

❖大掃除

もともと、旧暦12月13日に行っていた「煤払《すすはら》い」が大掃除の起源です。神棚や仏壇の汚れを払い、竹竿の先にワラをくくりつけた「煤梵天《すすぼんてん》」という道具で、天井や囲炉裏《いろり》などを掃き清めました。江戸時代になると幕府が「煤納めの日」と定め、江戸城内や江戸市中で一斉に掃除が行われるようになります。新暦が生活の中心となってからも12月13日に煤払いをする習慣は受け継がれ、大きな社寺で行われる煤払いの風景は、年末の風物詩です。しかし、13日から正月までは日があるため、次第に一般家庭の煤払い＝大掃除は年末に行うようになりました。

この日を境に正月支度をはじめるため、煤払いは「正月事始《しょうがつことはじ》め」とも呼ばれます。新年を連れて来てくれる年神様《としがみさま》（18ページ）を迎える準備をはじめる、大切な行事でもあります。

❖神棚の汚れを払う

神棚に住む神々も、大切な「我が家の神様」です。大掃除にあたっては、1年間、無事に守っていただいた感謝を込めながら神棚を拭き清め、お供えを入れる神具類もきれいに洗います。また、注連縄《しめなわ》や榊《さかき》も新調したいものです。

お神札に改めて感謝を述べたら、いただいた神社の古神札《こしんさつ》納所《おさめしょ》などに納めます。古いお神札を納めたら、初詣で改めて新たなお神札をいただき、神棚にお祀りします。

【宝くじ】

貧乏の神様

ツケが日常だった江戸時代、清算期である年末を無事に過ごせるかどうかは庶民の悩みの種でした。無事に新年を迎えたいという願いが、貧乏神を生み出したのかもしれません。

◎もてなしを福で返す

貧乏神

人を貧乏にする貧乏神。なぜ悪いものをもたらす存在が神様なのでしょう。

貧乏神は、江戸時代頃から人々の間で話題に上るようになりました。なにをやっても貧しい家があれば、「あそこの家には貧乏神がいる」と囁《ささや》き合っていたようです。貧乏神は男神の場合もあれば、女神の場合もあります。

いずれも顔は青黒く、やせて目は落ちくぼんでいて、いかにも栄養状態が悪そうです。不思議と焼き味噌のにおいを好むので、焼き味噌を川に流して送り出す、という追い祓い方もありました。

井原西鶴《いはらさいかく》の『日本永代蔵《にっぽんえいたいぐら》』には、こんな話が載っています。ある染物屋の夫婦が、努力しても貧しいばかりなので、やけを起こしていっそ貧乏神を祀ろうと思い立ちます。

夫婦は正月に貧乏神としてみすぼらしい姿の人形をつくり、お膳を供え、精一杯のもてなしをしました。すると1月7日の「七草《ななくさ》」の夜、貧乏神が夢にあらわれ、「こんなもてなしを受け、お膳でお供えを食べたのははじめてだ。この恩を返したい」と言って、夫婦の商いを成功させることを約束し、染め物のヒントをくれました。主人はそのヒントを手がかりに新しい染め物の技法を工夫し、この染物屋は大繁盛したのです。

東京都文京区の牛天神北野神社の境内にある太田《おおた》神社は、貧乏神と縁が深い場所です。同社によると、貧しい武士の夢にあらわれた貧乏神が、「今まで居心地の良い暮らしをさせてもらった。毎月1日、15日、25日に赤飯と油揚げをお供えしてくれたら、福を授けよう」と言い、武士がその通りにすると、たちまち金持ちになったとか。

貧乏神とは、ただ貧乏にするのではなく、ちゃんとお祀りすれば恩返しに福をもたらしてくれる、とても義理堅い神様です。

貧乏の神様とうまく付き合う

❖宝くじ

ボーナス、クリスマスプレゼント、お年玉の予算など、年の瀬はなにかとお金の話題が多くなります。景気良く新年を迎えたいと誰もが願う年末だからこそ、貧乏神を大切にするチャンスです。高額賞金に夢も膨らむ、宝くじが発売されます。「運を天に任せる」という表現があるように、宝くじの最後の頼みはやはり神様。社名からして縁起の良い宝当《ほうとう》神社（佐賀県唐津市）や御金《みかね》神社（京都府京都市）が当選祈願の神様として人気です。さらに、貧乏神に挨拶に行っても御利益が期待できます。

宝くじの起源は、神仏のための「富くじ」です。社殿などの修繕費を調達するため、江戸時代から発行されるようになりました。江戸幕府の許可が必要で、「天下御免の富くじ」という意味合いから「御免富《ごめんとみ》」とも。湯《ゆ》島天満宮《しまてんまんぐう》（東京都文京区）、瀧《りゅう》泉寺《せんじ》（東京都目黒区）、感応寺《かんのうじ》（廃寺）の富くじが名高く、「江戸の三富」と呼ばれました。

やがて天保の改革によって富くじが禁止されると、明治、大正時代は発売されず、戦後に復活します。「宝くじ」という名前もここで登場しました。

❖貧乏神と躾《しつけ》

「とりつかれると貧しくなる」という伝承のせいで、できればお付き合いしたくない神様と思いがちな貧乏神ですが、じつは躾の役に立ってきました。

　座っているときに無意識に足を揺らす、いわゆる「貧乏ゆすり」もそのひとつ。語源には諸説ありますが、体を揺らしていると貧乏神にとりつかれる、として江戸の町人たちはおおいに嫌ったといいます。また、「家のなかで口笛を吹くと貧乏神を呼ぶ」「茶碗を箸で叩くと貧乏神が喜ぶ」「囲炉裏の灰をイタズラすると貧乏神が湧き出る」など、貧乏神と禁忌にまつわる伝承は全国各地に残っています。どれもがマナーや安全に関わることばかり。家の繁栄のために、貧乏神は悪役という「貧乏くじ」を引いてくれていたのですね。

❖貧乏神の追い出し方

貧乏神は大きな火が苦手です。そのせいか、新潟県には生木を燃やして小豆を煮る、兵庫県には大晦日に火を焚く、といった貧乏神の追い出し方が伝わっています。また、長野県松本市の人々は、ワラでつくった馬や人形を「貧乏神まくり出せ！ 風邪の神まくり出せ！」とはやしながら曳き、町の辻で燃やす「貧乏神送りと風邪の神送り」を受け継いでいます。

【冬至】
葬儀の神様

神話のなかのはじめての葬儀では、さまざまな鳥たちが役目を果たしました。そこには痛ましい雰囲気ながら、どこか希望を感じさせるエピソードが描かれています。

◎死と再生の予感

アメワカヒコ

神話にはさまざまな「はじまり」が描かれます。なかでもあまりありがたくない「最初」が葬儀かもしれません。はじめての葬儀は、アメワカヒコが亡くなったときのことです。

あるときアマテラスは自分の息子が葦原中《あしはらのなかつ》国《くに》を治めるべきだと考えます。そこで、葦原中国に今いる国の神々を説得するための使者を送ることになりました。その使者のひとりがアメワカヒコです。彼は天の神から弓矢を預かって地上に下りますが、そのまま8年が過ぎました。天の神々は使者の雉《きじ》を送りますが、彼はそれを射殺したため、逆にその矢が投げ返されて当たり、亡くなってしまいました。

ここではじめての葬儀が開かれます。まず、葬儀を行う建物である喪屋を作ります。次に登場するのは鳥たちです。雁《かり》が食事を運ぶ役をし、サギが箒《ほうき》を持ち、カワセミが調理人と

なり、雀《すずめ》は臼《うす》で米をつく女性になり、そして雉が葬儀で泣く女性の役をしました。

八日八晩続いていた儀礼のときに、アジスキタカヒコネという神が弔問《ちょうもん》にやって来ました。彼があまりにアメワカヒコにそっくりだったので、妻子は死んでいなかったのかと驚きます。死者に間違えられたため、アジスキタカヒコネは怒って帰ってしまいました。

おそらく鳥たちの葬儀は、アメワカヒコを生き返らせるためのもの。だから妻子はアジスキタカヒコネをアメワカヒコが生き返ったと間違えたのでしょう。親しい人が亡くなれば、戻って来てほしいと思うのは当然ですが、本当に葬儀で生き返ったら喜ぶよりも驚くことが当然ですね。

葬儀の神様とともに再生する

❖冬至

冬至は1年でもっとも昼間が短く、もっとも夜が長い日。旧暦では11月の中頃、新暦では12月21日頃にあたります。古くから冬至は、太陽の力がもっとも弱まると同時に、私たちに宿る魂や精気も衰える日だと考えられてきました。「死にいちばん近い日」ともされているため、葬儀の神様であるアメワカヒコと縁深い日といえるかもしれません。

❖冬至の食べ物

太陽の力と私たちの精気がもっとも弱まる冬至の行事食には、本格的な寒さに備えて心身を整える願いが込められています。たとえば、太陽を象徴するような黄色をまとった南瓜《かぼちゃ》。「冬至に食べると中風（脳卒中）にならず、風邪もひかない」と伝わっています。また、「砂払い」という別名があるコンニャクを食べる地域も。体の中に溜まった砂（老廃物）を排出する効果があるとされたコンニャクで、体調を整えるのです。

さらには、「ん」のつく食べ物が運を呼ぶとして、「冬至の七種《ななくさ》＝南京《なんきん》（南瓜）・蓮根《れんこん》・人《にん》参《じん》・銀杏《ぎんなん》・金柑《きんかん》・寒天・うどん」をいただき開運を願う風習もあります。

❖柚子湯《ゆずゆ》

冬至といえば、柚子の実を浮かべた「柚子湯」に浸かるならわしも定番です。こちらは、端午の節句の菖蒲湯《しょうぶゆ》と同じように、身を清める禊《みそぎ》の名残。「冬至に柚子湯に入れば悪い風邪をひかない」という言い伝えがあります。さらには「柚子＝融通」という縁起も担いでおり、何事も滞りなく進む、お金に困らないといった願いが込められています。

柚子の香り成分には関節の痛みを鎮め、冷え性を緩和する働きがあるうえ、リラックス効果も抜群。アメワカヒコの妻子の願いが通じたかのように、心身が生き返ること間違いなしです。

❖喪屋

アメワカヒコに間違えられたことに腹を立てたアジスキタカヒコネは、携えていた剣を用いて喪屋を切り倒し、蹴り飛ばしてしまいます。破壊された喪屋は不思議なことに、山になったと伝わっています。この山がどこにあるのかは諸説ありますが、岐阜県美濃市大矢田《おやだ》にある喪山、もしくは同県不破《ふわ》郡《ぐん》垂井《たるい》町《ちょう》にある喪山古墳（葬送山）だといわれてきました。喪山の隣には喪山天神社が鎮座し、アメワカヒコが祀られています。

❖雉《きぎし》の頓使《ひたづか》い

「雉の頓使い」は天の神々の使いとしてアメワカヒコのもとに出向くも、射殺されてしまった雉から生まれたことわざ。「行ったきりで戻って来ない使者」を意味し、文献に登場する最古のことわざだともいわれています。

【正月支度】

日用品の神様

私たちの暮らしを支える生活道具にも、さまざまな神様が宿っています。気軽な気持ちで捨ててしまうと、イタズラをしに戻って来るかもしれませんよ。

◎大好物は「もったいない」精神

カナヤマビコ・箒神・付喪神

家屋や部屋よりさらに細かく、日用品にもそれぞれにまつわる神様がいます。

料理をするときに使う包丁を司るのは、カナヤマビコ。さまざまなものをこの世に生み出したイザナミが、火の神様・カグツチを生んで大火傷を負って病んでしまったとき、口から吐き出したものから生まれました。鉱山や金属、またその加工技術などを担当するため、包丁の神様ともなりました。包丁の切れ味だけではなく、料理の腕の上達もカナヤマビコにお願いしましょう。

掃除に使う箒の神様である箒神《ほうきがみ》は、掃除の神様というよりも安産の神様として活躍しています。チリやホコリを掃き出す動作が、赤ちゃんをお腹からすっと送り出すというイメージと重なったことによるものでしょう。

長い間、何世代にもわたって使われてきた

道具たち。それらは１００年も経つと霊魂が宿り、付喪神《つくもがみ》になります。長い年月を経たという意味で「九十九神」と書く場合もあります。

かつては煤払いのときに打ち捨てられた道具たちが、寄り集まって恨みを晴らそうと付喪神になり、人に悪さをしたとか。ですから神様というよりも、妖怪といったほうがいいのかもしれません。とはいえ、妖怪のようでありながら付喪「神」となっているのは、大事にしていれば神様となる、ということなのでしょう。古くなっても簡単に捨てたりせず、最後まで大事にしようという教訓を伝えているのです。

日用品の神様をねぎらう

❖歳《とし》の市《いち》

12月も半ばになると、「歳の市」があちこちで立ちはじめます。手に入るのは注連《しめ》飾《かざ》りや門松（松飾り）、鏡餅といった正月飾り。また、包丁やまな板、箒といった日用品も店先にならびます。これは、正月飾りに加え、日々の暮らしで使う消耗品を年末に新調するため。歳の市は正月飾りを揃《そろ》えるだけでなく、使い込んだ品々に感謝し、改めるタイミングでもあるのです。日用品の神様の住まいを整えて、すっきりと新年を迎えていただきます。

歳の市で求めた注連飾りや門松、鏡餅は12月13日から12月31日の間に飾るのがならわしです。とはいえ、クリスマスも大切な年中行事となった現代では、26日以降に飾るのが一般的となりました。ただし、「二重苦」や「苦待つ（松）」に通じる29日、ひと晩で年が明けるために縁起の悪い「一夜飾り」となる31日は避けるようにします。

❖道具塚

新しい1年はすがすがしい気持ちで迎えたい。少々くたびれてきた日用品を処分し、歳の市で求めた品を新年に使いはじめる習慣があるのも、そんな願望のあらわれでしょう。

しかし、長年お世話になったものをポイッと捨ててしまうのは気がひけるもの。これこそ、すべての物事に神様を感じる日本人ならではの心持ちです。使い古した日用品を納め、これまでともに頑張ってくれたことをねぎらう特別な場所や習慣が各地に存在しています。

赤坂氷川《ひかわ》神社（東京都港区）や生田《いくた》神社（兵庫県神戸市）には食事づくりを手助けしてくれた包丁に感謝する「包丁塚」、安井金毘羅宮《やすいこんぴらぐう》（京都府京都市）には、女性の美を支えてくれた櫛《くし》に感謝する「久志（櫛）塚」、学問の神様である各地の天満宮《てんまんぐう》（天満神社）には、勉強道具に感謝する「筆塚」。ほかにも「眼鏡塚」「人形塚」などがあります。裁縫の神様で紹介した「針供養」（53ページ）のように、感謝をささげる日を決めている場合も。東京都千代田区に鎮座する日枝《ひえ》神社では、毎年8月4日に古くなった箸をねぎらい、お焚き上げをする「箸感謝祭」が行われます。

【大晦日】

清めの神様

新しい1年を迎えるためには、身も心もきれいにしなくてはなりません。罪や穢れをさっぱりと流してくれる神々の出番です。

◎1年分のデトックス

祓戸大神（セオリツヒメ・ハヤアキツヒメ・イブキドヌシ・ハヤサスラヒメ）

日々の暮らしのなかで私たちが知らず知らずのうちに犯してしまう罪や、垢《あか》のように積み重なっていく穢れ。それらをすっきりと取り去ってくれる神様が祓戸大神《はらえどのおおかみ》です。

「祓戸」とは、祓う場所のこと。祓戸で行われる祓いを司る神様、という意味です。セオリツヒメ、ハヤアキツヒメ、イブキドヌシ、ハヤサスラヒメを併せて「祓戸大神」と呼びます。この神々は、それぞれに役割があります。セオリツヒメは、川の瀬にいて、罪や穢れを川に流します。ハヤアキツヒメはそれを水と一緒に飲み込みます。女神が飲み込んだあとで、さらにそれをイブキドヌシが地下の世界に吹き払い、最後にはハヤサスラヒメがさすらいながら消滅させていくのです。念には念を入れて、私たちを清浄にしてくれます。

祓戸大神には、さらに大阪府大阪市にある

住吉大社《すみよしたいしゃ》の神様（ウワツツノオ・ソコツツノオ）が加えられることもあります。黄泉《よみ》の国から帰って来たイザナキが、身を清めるために禊をしたときに生まれた神様です。禊によって誕生したということで、「禊祓《みそぎはらえ》の神様」となりました。

住吉大社の境内には「住吉反橋《すみよしそりはし》」と呼ばれる立派な朱塗りの太鼓橋があります。渡るだけで罪や穢れが祓われるというありがたい橋です。淀君《よどぎみ》が奉納したと伝えられるもので、住吉大社の名所のひとつとなっています。

祓戸大神の力を借りて身も心も清らかに、新たな1年を迎えます。

清めの神様と年を越す

❖年《とし》越《こ》しの祓《はらえ》（大祓《おおはらえ》）

大晦日は、1年が去り、新しい年がやって来る日です。また、新年を連れて来る年神様（18ページ）を迎える準備を終える日でもあります。

新年と年神様に失礼がないよう、我が家を大掃除したように私たちの心身もきれいにしなくてはいけません。そのため、犯してしまった罪や積み重なった穢れを祓う年中行事を受け継いできました。祓戸大神の力によって心身を清める「年越しの祓（大祓）」です。

年越しの祓は多くの神社が行います。参拝者は罪穢れを人間の形に切り抜かれた紙や木（形代）にうつして納めます。神職の唱える、祓戸大神が罪穢れを清浄にするさまを述べた祝詞《のりと》「大祓詞《おおはらえのことば》」が、私たちを清めてくれるのです。

無事に罪穢れを祓っていただいたあとは、いよいよ年越し。大晦日の夜を迎えます。ちなみに「晦日《みそか》」は本来「三十日」と書きあらわす、月の最後の日をさす言葉。そのため、1年の最終日となる12月31日に「大」がつけられるようになりました。

除夜

大晦日の夜は「除夜」。旧年を除く夜ということで、この字を書きます。かつては、年神様を迎えるためにひと晩中起きているのがならわしでした。早く寝てしまうと白髪が増える、シワが多くなるといった伝承が各地に残っています。

また、地域の神社に大晦日から元旦にかけて籠もり、慎み深く新年を迎える「年籠《としご》もり」という風習もありました。平安時代の『後拾遺和歌集』に、すでにこの言葉があります。

年越し蕎麦《そば》

大晦日にかかせない食べ物といえば、年越し蕎麦です。除夜に家族が揃って蕎麦を食べる風習は、江戸時代中期に広まりました。

なぜ年越し蕎麦を食べるようになったのか、由来には諸説あります。細く長い形に長寿を願ったとする説、切れやすい蕎麦に旧年中の悪縁や苦労が切れることを託したとする説、金箔《きんぱく》を延ばす台を蕎麦粉でぬぐうとよく延びることにあやかり、金運アップを願ったとする説。人々が、1杯の蕎麦に新年への期待と希望をたっぷりと混ぜて食べていたことがよくわかります。また、当時の人々は、蕎麦に内臓の汚れを取る働きがあると信じていました。年越し蕎麦で体のなかまで清めて、新年を迎えようと願ったのです。

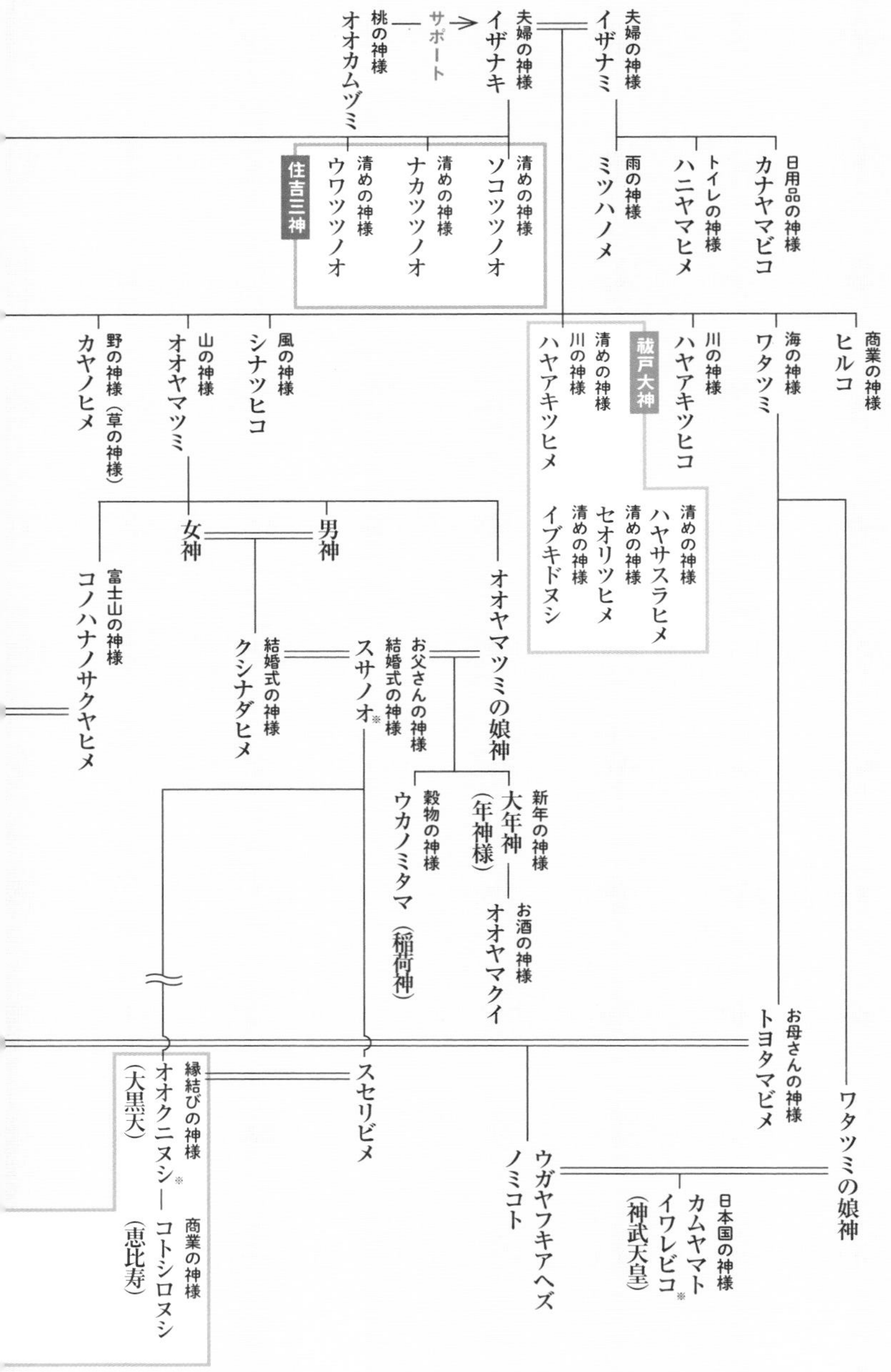
夫婦の神様 イザナミ
夫婦の神様 イザナキ
サポート
桃の神様 オオカムヅミ
日用品の神様 カナヤマビコ
トイレの神様 ハニヤマヒメ
雨の神様 ミツハノメ
清めの神様 ソコツツノオ
清めの神様 ナカツツノオ
清めの神様 ウワツツノオ
住吉三神
商業の神様 ヒルコ
海の神様 ワタツミ
川の神様 ハヤアキツヒコ
祓戸大神
清めの神様 川の神様 ハヤアキツヒメ
風の神様 シナツヒコ
山の神様 オオヤマツミ
野の神様（草の神様） カヤノヒメ
清めの神様 ハヤサスラヒメ
清めの神様 セオリツヒメ
清めの神様 イブキドヌシ
男神
女神
オオヤマツミの娘神
富士山の神様 コノハナノサクヤヒメ
お父さんの神様 結婚式の神様 スサノオ※
結婚式の神様 クシナダヒメ
新年の神様 大年神（年神様）
穀物の神様 ウカノミタマ（稲荷神）
お酒の神様 オオヤマクイ
お母さんの神様 トヨタマビメ
ワタツミの娘神
スセリビメ
縁結びの神様 オオクニヌシ※（大黒天）
商業の神様 コトシロヌシ（恵比寿）
ウガヤフキアヘズノミコト
日本国の神様 カムヤマトイワレビコ※（神武天皇）

神様の系譜

※のついている神名は図内に2か所登場しています。同一の神様ですが、関係性の便宜上、場所をわけて表記しています。

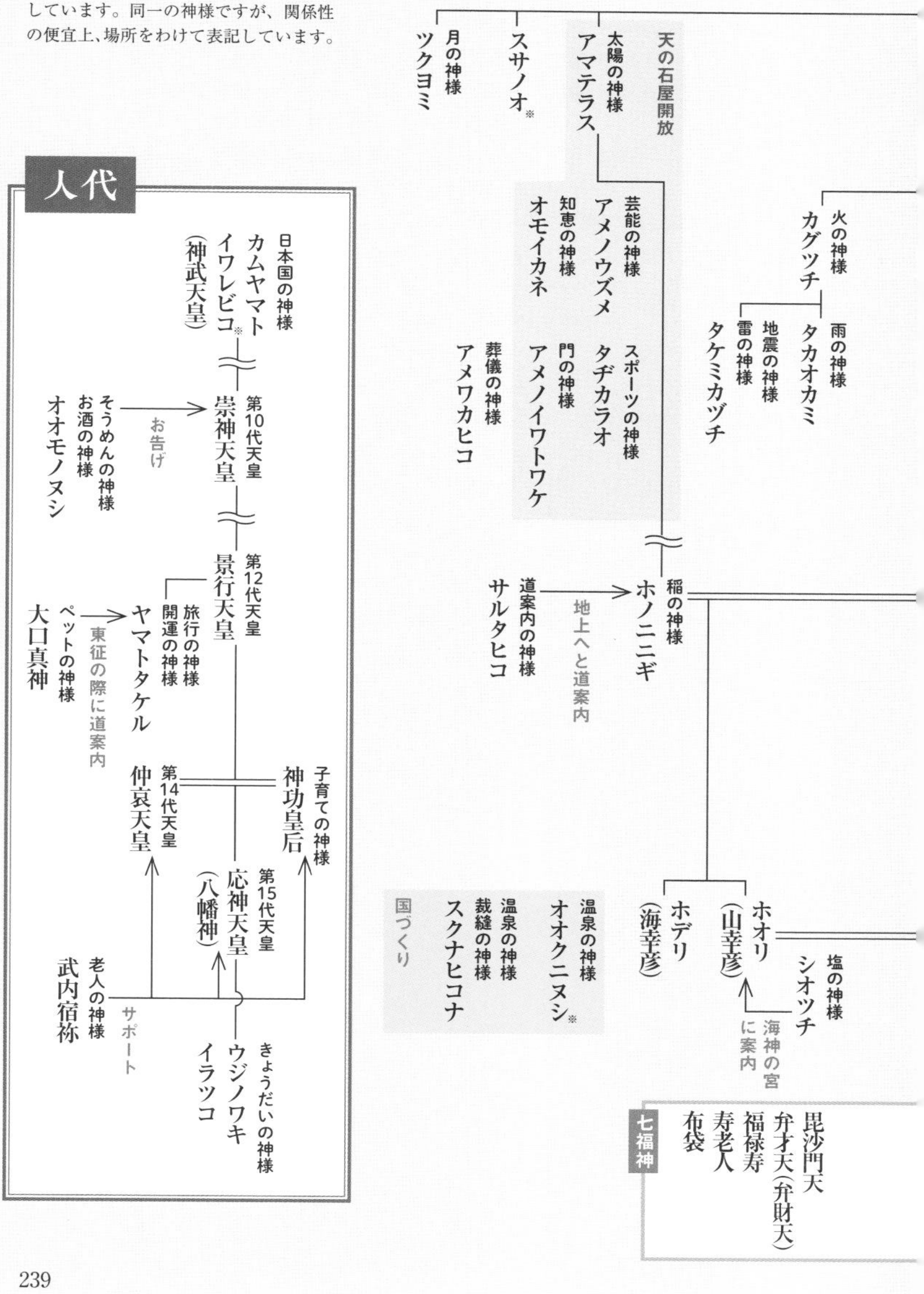

参考文献

『縮刷版　神道事典』國學院大學日本文化研究所編（弘文堂）／『神社と神々』井上順孝監修（実業之日本社）／『神道入門』井上順孝（平凡社）／『日本神道史』岡田莊司編（吉川弘文館）／『日本人と神様』櫻井治男（ポプラ社）／『神社と神様がよ〜くわかる本』藤本頼生（秀和システム）／『神社ってどんなところ？』平藤喜久子（筑摩書房）／『神の文化史事典』松村一男・平藤喜久子・山田仁史編（白水社）／『日本の神様読み解き事典』川口謙二編著（柏書房）／『日本の神々の事典』薗田稔・茂木栄監修（学習研究社）／『日本の神様を知る事典』阿部正路監修（日本文芸社）／『神社のいろは』神社本庁監修（扶桑社）／『神社のいろは　続』神社本庁監修（扶桑社）／『神話のおへそ』神社本庁監修（扶桑社）／『日本の祭り』神社本庁監修（扶桑社）／『すぐわかる日本の神社』井上順孝監修（東京美術）／『神社の由来がわかる小事典』三橋健（ＰＨＰ研究所）／『お参りしたい神社百社』田中恆清監修（ＪＴＢパブリッシング）／『ゼロから始める神社と祭り入門』三橋健監修（KADOKAWA）／『日本年中行事辞典』鈴木棠三（角川書店）／『京の宝づくし　縁起物』岩上力（光村推古書院）／『日本の祭り　知れば知るほど』菅田正昭（実業之日本社）／『晋遊舎ムック　日本の祭りがまるごとわかる本』（晋遊舎）／『絵でつづるやさしい暮らし歳時記』新谷尚紀監修（日本文芸社）／『にっぽんの歳時記ずかん』平野恵理子（幻冬舎）／『鳩居堂の日本のしきたり豆知識』鳩居堂監修（マガジンハウス）／『日本を楽しむ年中行事』三越（かんき出版）／『しきたりの日本文化』神崎宣武（KADOKAWA）／『春夏秋冬を楽しむくらし歳時記』生活たのしみ隊編（成美堂出版）／『五節供の楽しみ』冷泉為人（淡交社）

寺社名

索引

神仏名

平藤喜久子（ひらふじ・きくこ）
國學院大學日本文化研究所所長、神道文化学部教授。学習院大学大学院博士課程後期修了。博士（日本語日本文学）。専門は神話学、宗教学。主な著書に『神社ってどんなところ?』『神話でたどる日本の神々』（ともにちくまプリマー新書）、『日本の神様解剖図鑑』『世界の神様 解剖図鑑』（ともにエクスナレッジ）、『いきもので読む、日本の神話』（東洋館出版社）、『現代社会を宗教文化で読み解く　比較と歴史からの接近』（櫻井義秀氏と共編著、ミネルヴァ書房）、『「神話」の歩き方　古事記・日本書紀の物語を体感できる風景・神社案内』（集英社）、『神の文化史事典［新版］』（松村一男氏・山田仁史氏と共著、白水社）、『〈聖なるもの〉を撮る　宗教学者と写真家による共創と対話』（港千尋氏と共編、山川出版社）などがある。

本書は、東邦出版より2016年に刊行された『日本の神様と楽しく生きる―日々ご利益とともに―』に追加・再編集を加えたものです。

新版 日本の神様と楽しく生きる
春夏秋冬を味わい、縁起良く暮らす

2024年5月5日　初版第1刷発行

著　者　平藤喜久子
イラスト　井上文香
発行者　池田圭子
発行所　笠間書院
〒101-0064　東京都千代田区神田猿楽町 2-2-3
電話 03-3295-1331
FAX 03-3294-0996

ISBN 978-4-305-71010-9
日本音楽著作権協会（出）許諾第 2402136-401 号

ディレクション　酒井ゆう（micro fish）
装幀・デザイン　平林亜紀（micro fish）
構成・執筆協力　本間美加子
印刷・製本　平河工業社